개정 초등 교과서 **필수 구문**

가장 쉬운
NEW
영어회화
따라쓰기

30일 완성

주선이 지음

동양북스

저자 **주선이**

영어교육과 스토리텔링을 전공한 영어 교육 전문가로, 전통적인 교수법에 다양한 매체와 기술을 접목한 창의적인 영어 학습 콘텐츠를 기획 · 개발해 왔습니다. 자기주도 학습 중심의 커리큘럼을 설계하여 학습자의 눈높이에 맞춘 교재를 집필 중입니다.

대표 저서로『기적의 영어문장 만들기』,『기적의 사이트 워드』,『기적의 동사 변화 트레이닝』,『기적의 영어 문장 트레이닝』,『초등 영어를 결정하는 파닉스』,『초등 영어 논픽션 독해』,『바빠 영어시제 특강』,『맛있는 Everyday 초등 영문법』,『가장 쉬운 NEW 영어일기 따라쓰기』 등이 있습니다.

블로그 Sunny English Garden (https://blog.naver.com/sunyijoo)

개정 1쇄 인쇄 | 2025년 12월 1일
개정 1쇄 발행 | 2025년 12월 10일

지은이 | 주선이
발행인 | 김태웅
기획편집 | 김수연
디자인 | 김지혜
삽화 | 플러그(김인화)
마케팅 총괄 | 김철영
온라인 마케팅 | 신아연
제작 | 현대순

발행처 | (주) 동양북스
등록 | 제 2014-000055호
주소 | 서울시 마포구 동교로 22길 14 (04030)
구입 문의 | 전화 (02)337-1737 팩스 (02)334-6624
내용 문의 | 전화 (02)337-1762 이메일 dymg98@naver.com

ISBN 979-11-7210-144-2   63740

☆ 머리말

『가장 쉬운 NEW 영어회화 따라쓰기』는 2022년 개정 초등 영어 교과과정에서 제시된 의사소통 표현을 중심으로 구성된 책입니다. 아이들이 자기 주변 주제에 대해 이야기하는 기초 회화 패턴을 자연스럽게 익히고, 관련 정보를 정확히 이해하며, 자신 있게 표현할 수 있도록 돕는 것이 이 책의 목표입니다.

영어 회화는 단순히 글자를 읽는 것으로는 충분하지 않습니다. 먼저 발음과 억양을 익히는 것이 중요합니다. 영어는 음악처럼 리듬과 강약이 살아 있는 언어입니다. 특히 억양(intonation)은 말의 높낮이와 길이를 통해 문장의 의미를 전달하며, 질문인지 평서문인지도 구분할 수 있게 해줍니다. 처음 영어를 배울 때 발음과 억양을 함께 훈련하면 영어가 훨씬 쉽고 재미있게 느껴지며, 자연스럽게 자신감도 생깁니다. 억양 패턴이 습관화되면 감정 표현도 더 풍부해지고, 영어가 부드럽고 유창하게 들리게 됩니다.

특히, 회화는 머리로 생각하기 전에 입으로 자연스럽게 나올 수 있어야 합니다. 이를 위해 본서는 다음과 같은 단계로 학습을 구성했습니다:

① 우리말과 그림을 통해 상황을 먼저 이해합니다.

② 한 문장을 충분히 반복하며 익숙해집니다.

③ 질문과 대답 중심의 대화문을 단계적으로 연습합니다.

이 과정을 통해 아이들은 영어 문장의 구조를 자연스럽게 익히고, 회화에서 자주 쓰이는 핵심 단어(high frequency words)도 함께 배울 수 있습니다.

이 책이 아이들에게 영어 회화의 첫 문을 여는 열쇠가 되어, 낯설고 어렵게 느껴졌던 영어가 친근하고 즐거운 언어로 다가가길 바랍니다. 자신감을 얻고, 영어를 통해 더 넓은 세상을 만나는 기쁨을 누릴 수 있기를 진심으로 바랍니다.

저자 주선이

☆ 이 책의 구성

Part 1

🔤 **오늘의 단어**	주요 단어를 따라 읽고 써 봅니다.
💬 **오늘의 표현**	표현을 따라 읽고, 단어를 배열해 봅니다.
🔍 **표현 연습하기**	단어를 활용한 문장을 연습합니다.
⚛️ **표현 확장하기**	대표 문장의 부정 형식을 연습합니다.
✏️ **작문하기**	오늘의 대표 문장을 직접 만들어 봅니다.

Part 2

Part 3

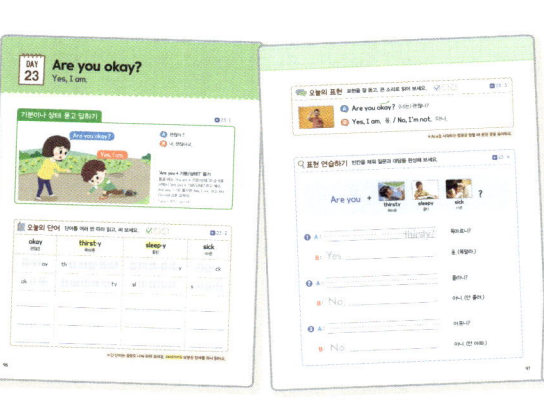
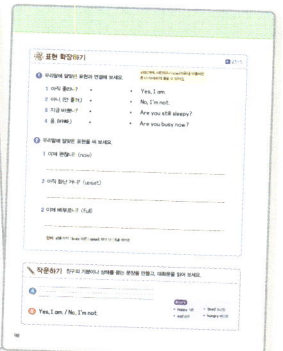

🔤 **오늘의 단어**	주요 단어를 따라 읽고 써 봅니다.
💬 **오늘의 표현**	짧은 대화·표현을 따라 읽어 봅니다.
🔍 **표현 연습하기**	단어를 활용한 질문과 대답을 연습합니다.
⚛️ **표현 확장하기**	대표 문장 외의 문장을 연습하며 응용력을 키웁니다.
✏️ **작문하기**	오늘의 대표 문장을 직접 만들어 봅니다.

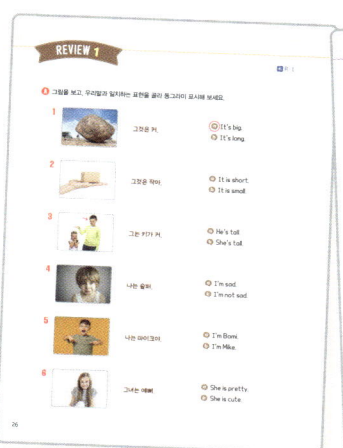

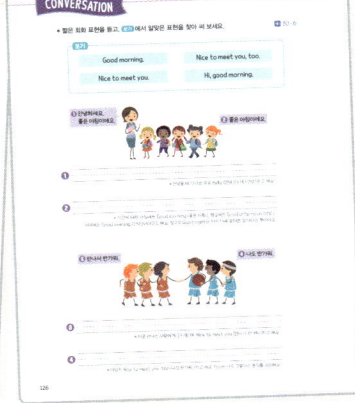

REVIEW

문제를 통해 배운 내용을 반복 학습합니다.

CONVERSATION

짧은 표현이나 답변을 모아서 배웁니다.

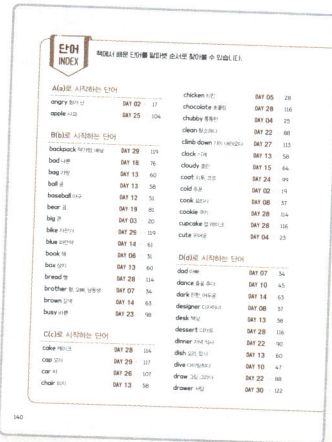

부록

책에 나온 단어를 찾아보기 쉽도록 정리했습니다.

☆ 목차

Part 1 한 문장으로 말하기

★ 교과 내용 연계표

본 책의 회화 표현과 개정 초등 교과서의 내용 연계표		교과서 연계				
주제	학습 목표	천재(함)	천재(이)	YBM(최)	동아	아이스크림
DAY 01 I'm Mike.	자기 소개하기	3-2	3-1	3-1	3-1	3-1
DAY 02 I'm happy.	감정/상태 표현하기	4-2	3-8	3-8		
DAY 03 It's big.	크기/길이 묘사하기	3-9				
DAY 04 He's tall.	다른 사람 외모 묘사하기	3-11		4-2		
DAY 05 I like chicken.	좋아하는 음식 말하기	3-8			3-5	3-4
DAY 06 I have a pencil.	가지고 있는 물건 말하기	3-6		3-7	3-7	
DAY 07 She's my mom.	누구인지 관계 말하기	3-11	3-10	4-2	3-10	3-9
DAY 08 He's a cook.	다른 사람 직업 말하기	4-12	4-7	4-2		4-12
DAY 09 I study every day.	하루 일과 말하기	5-10	5-4	5-4	5-3	5-5
DAY 10 I can skate.	할 수 있는 것 말하기	3-10	3-6	3-6	3-8	3-7
DAY 11 Be quiet, please.	지시하기	3-4 4-3	3-3 4-2	3-3	3-3 4-5	3-3 3-10
DAY 12 Let's play soccer.	제안하기	4-4 5-5		4-4	4-4	4-6
DAY 13 What's this? It's a ball.	무엇인지 묻고 답하기	3-3	3-2	3-2	3-2	3-2
DAY 14 What color is it? It's blue.	색깔 묻고 답하기	3-7	3-9	3-9	3-6	3-6
DAY 15 How's the weather? It's sunny.	날씨 묻고 답하기	3-12	3-11	3-10	3-11	3-12
DAY 16 What time is it? It's two o'clock.	시각 묻고 답하기	4-10	4-6	4-3	4-6	4-8

PART 1: DAY 01 ~ DAY 12
PART 2: DAY 13 ~ DAY 16

		주제	학습 목표	천재(함)	천재(이)	YBM(최)	동아	아이스크림
PART 2	DAY 17	What day is it? It's Monday.	요일 묻고 답하기	4-7	4-9	4-9	4-8	4-7
	DAY 18	How are you? I'm good.	안부 묻고 답하기	4-2		4-1		4-1
	DAY 19	What's your name? My name is Jinho.	이름 묻고 답하기	4-1	4-1		4-1	
	DAY 20	How old are you? I'm ten years old.	나이 묻고 답하기		4-10			3-11
	DAY 21	How much is it? It's 1,000 won.	물건의 가격 묻고 답하기	4-8	4-8 5-8	4-10	4-11	4-9 5-9
	DAY 22	What are you doing? I'm cleaning the window.	지금 하고 있는 일 묻고 답하기	4-11	4-11	4-6	4-10	4-9
PART 3	DAY 23	Are you okay? Yes, I am.	기분이나 상태 묻고 답하기		3-8		4-3	4-3
	DAY 24	Do you have a coat? No, I don't.	물건을 가지고 있는지 묻고 답하기	3-6	3-7			3-8
	DAY 25	Do you like eggs? Yes, I do.	좋아하는 음식 묻고 답하기		3-4	3-5		3-4
	DAY 26	How many dogs? Four dogs.	개수 묻고 답하기	3-5	3-5	3-4	3-4	3-5
	DAY 27	Can you ride a bike? Yes, I can.	할 수 있는 것 묻고 답하기	3-10	3-6		3-8	
	DAY 28	Do you want some bread? No, thanks.	음식 권하고 이에 답하기	4-5	4-3	4-8		4-10
	DAY 29	Is this your cap? No, it isn't.	물건 주인 묻고 답하기	4-9	4-5	4-7	4-9	4-4
	DAY 30	Where is my phone? It's on the box.	물건의 위치 묻고 답하기	4-6	4-4	4-5	4-7	4-5

☆ 지도 가이드

	오늘의 학습	학습한 날		회화 쓰기 지도 가이드
PART 1 한 문장으로 말하기	**DAY 01**	월	일	• [훑어보기] 파트 1의 제목을 소리 내어 읽어요. (p.12)
	DAY 02	월	일	• [구성 알기] Day 01을 함께 살펴보고, 문제를 풀어 봐요.
	DAY 03	월	일	• [문장 쓰기] 첫 글자는 대문자로 쓰고 문장 끝에는 문장 부호를 써요.
	DAY 04	월	일	
	REVIEW 1	월	일	• Days 01-04의 제목을 읽고 뜻을 말해요. • '표현 연습하기'와 '표현 확장하기'의 문장을 빠르게 읽어요.
	DAY 05	월	일	• [문장 읽기] 삽화에 사용된 문장을 소리 내어 읽어요.
	DAY 06	월	일	• [문장 쓰기] 글자 모양이 서툰 알파벳만 따로 공책에 반복
	DAY 07	월	일	연습해요.
	DAY 08	월	일	
	REVIEW 2	월	일	• Days 05-08의 제목을 읽고 뜻을 말해요. • '표현 연습하기'와 '표현 확장하기'의 문장을 빠르게 읽어요.
	DAY 09	월	일	
	DAY 10	월	일	• [문장 읽기] 삽화에 사용된 문장을 소리 내어 읽고 뜻을 말해요.
	DAY 11	월	일	• [문장 쓰기] 제목을 각각 읽은 후, 책을 보지 않고 공책에 써요.
	DAY 12	월	일	
	REVIEW 3	월	일	• Days 09-12의 제목을 읽고 뜻을 말해요. • '표현 연습하기'와 '표현 확장하기'의 문장을 빠르게 읽어요.
PART 2 묻고 답하기 1 (답 위주)	**DAY 13**	월	일	
	DAY 14	월	일	• [훑어보기] 파트 2의 제목을 소리 내어 읽어요. (p.56)
	DAY 15	월	일	• [구성 알기] Day 13을 함께 살펴보고, '작문하기'를 생각해 보고
	DAY 16	월	일	써요.
	DAY 17	월	일	

☑ [약속 정하기] 공부할 시간과 장소, 학습 분량을 미리 함께 정해요.

☑ [학습 순서] 듣고 따라 읽기 → 스스로 읽기 → 정확히 쓰기 → 빠르게 쓰기

☑ [복습하기] '회화 카드'를 이용해서 역할놀이나 질문 - 답 찾기 놀이를 해요.

PART 2 묻고 답하기 1 (답 위주)	**REVIEW 4**	월	일	• Days 13-17의 제목을 읽고 뜻을 말해요. • '표현 연습하기'의 문장을 빠르게 읽어요. • 제목의 답을 가리고 각 질문에 어울리는 답을 바로 말해요.
	DAY 18	월	일	• [문장 읽기] 삽화에 사용된 문장을 소리 내어 읽고 뜻을 말해요. • [문장 쓰기] '오늘의 표현'의 대화문을 읽은 후, 책을 보지 않고 공책에 써요.
	DAY 19	월	일	
	DAY 20	월	일	
	DAY 21	월	일	
	DAY 22	월	일	
	REVIEW 5	월	일	• Days 18-22의 제목을 읽고 뜻을 말해요. • '표현 연습하기'의 문장을 빠르게 읽어요. • 제목의 답을 가리고 각 질문에 어울리는 답을 바로 말해요.
PART 3 묻고 답하기 2 (질문 위주)	**DAY 23**	월	일	• [훑어보기] 파트 3의 제목을 소리 내어 읽어요. (p.94)
	DAY 24	월	일	
	DAY 25	월	일	
	DAY 26	월	일	
	REVIEW 6	월	일	• Days 23-26의 제목을 읽고 뜻을 말해요. • '표현 연습하기'의 문장을 빠르게 읽어요. • 제목의 답을 가리고 각 질문에 어울리는 답을 바로 말해요.
	DAY 27	월	일	• [문장 읽기] 삽화에 사용된 문장을 소리 내어 읽고 뜻을 말해요. • [문장 쓰기] '오늘의 표현'의 대화문을 읽은 후, 책을 보지 않고 공책에 써요.
	DAY 28	월	일	
	DAY 29	월	일	
	DAY 30	월	일	
	REVIEW 7	월	일	• Days 27-30의 제목을 읽고 뜻을 말해요. • '표현 연습하기'의 문장을 빠르게 읽어요. • 제목의 답을 가리고 각 질문에 어울리는 답을 바로 말해요.

Part 1

한 문장으로 말하기

★ 영어 말하기를 배울 때 기억하세요!

❶ 먼저 듣고 그대로 따라 읽어 보세요.

❷ 단어의 발음, 강세를 함께 익혀 보세요.
hungry [hʌ́ŋgri]는 [헝─ㄱ리]가 아니라 [**헝**─ㄱ리]라고
hun [hʌ́ŋ]에 강세를 주고 읽어요.

❸ 문장 끝을 올리는지, 내리는지 주의하세요.

I'm happy.

★ 영어로 문장을 쓸 때 주의하세요!

❶ 첫 글자를 항상 대문자로 써요. : 문장의 시작을 알려요.

this is my father. (X)

This is my father. (O)

❷ I(나는)는 항상 대문자로 써요.

i'm happy. (X)
I'm happy. (O)

❸ 문장 끝에는 꼭 문장 부호를 써요. : 문장의 끝을 알려요.

She's my mother (X)
She's my mother. (O)

I'm Mike.

자기 소개하기 🔊 01-1

Hi, I'm Mike.

Hi, I am Minji.

A 안녕, 난 마이크야.
B 안녕, 난 민지야.

'I'm + 이름' 말하기

자신의 이름을 말할 때는 'I'm + 이름'이라고 해요. I'm은 I am을 줄인 표현이에요.

이름을 물을 때 'What's your name?'이라고 해요. Hi(안녕)는 가까운 사이에 나누는 친근한 인사예요.

A 오늘의 단어 단어를 여러 번 따라 읽고, 써 보세요. ☑ ☐ ☐ 🔊 01-2

hi 안녕	hel·lo 안녕(하세요)	stu·dent 학생	teach·er 교사
h i	hel	stu	tea
	lo	nt	er

*긴 단어는 음절로 나눠 외워 보세요. 하이라이트된 부분은 강세를 줘서 읽어요.

I'm + 이름. = I am + 이름. 나는 ~이다.

I'm Mike. = I am Mike. 나는 마이크야.

✅ 단어의 순서를 알맞게 배열해 보세요.

am   Mike.   I

I _____

I'm + **Bomi** 보미   **Jack** 잭   **Amy** 에이미   .

* I(나, 저)와 이름의 첫 글자는 항상 대문자로 써야 해요.

❶ 안녕, 나는 보미야.   Hi, _____

❷ 안녕, 나는 잭이야.   _____

❸ 안녕하세요, 저는 에이미예요.   Hello, _____

⚛️ **표현 확장하기** not을 붙여서 문장을 완성해 보세요.

I'm Mike. ↔ I'm **not** Mike. 나는 마이크가 아니다.

＊not은 am 뒤에 써야 해요.

1 나는 보미가 아니야. (Bomi)

I'm not

2 나는 잭이 아니야. (Jack)

3 나는 학생이 아니야. (a student)

4 나는 선생님이 아니야. (a teacher)

✏️ **작문하기** 자신의 이름을 소개하는 문장을 직접 만들고 말해 보세요.

Hi,

I'm happy.

감정/상태 표현하기 🔊 02-1

A 나는 기뻐.

B 나는 슬퍼.

'I'm + 감정/상태' 말하기

자신의 감정을 말할 때는 'I'm + 감정'이라고 해요. 상대의 기분이나 안부를 물을 때는 'How are you?'라고 해요.

* I 나   am ~이다/~있다

A 📖 **오늘의 단어** 단어를 여러 번 따라 읽고, 써 보세요. ☑️ ▢ ▢ 🔊 02-2

hap·py	sad	an·gry	hun·gry
행복한	슬픈	화가 난	배고픈
hap	s	gry	gry
py		an	hun

*긴 단어는 음절로 나눠 외워 보세요. 하이라이트된 부분은 강세를 줘서 읽어요.

I'm + 감정/상태. = I am + 감정/상태. 나는 ~이다.

I'm happy. = I am happy. 나는 기뻐.

✔ 단어의 순서를 알맞게 배열해 보세요.

am   happy.   I

_____

_____

🔍 **표현 연습하기** 우리말과 같은 뜻이 되도록 문장을 완성해 보세요. 🔊 02-4

I'm +

sad
슬픈

angry
화가 난

hungry
배고픈

.

＊ 문장 끝에는 꼭 마침표나 물음표와 같은 문장 부호를 써야 해요.

1 나는 슬퍼.   sad.

2 나는 화나.   _____

3 나는 배고파.   _____

표현 확장하기 not을 붙여서 문장을 완성해 보세요. 🔊 02-5

I'm happy. ↔ I'm **not** happy. 나는 안 기쁘다(기쁘지 않다).

* not은 am 뒤에 써야 해요.

1 나는 배가 안 고파. (hungry)

2 나는 화가 안 났어. (angry)

3 나는 춥지 않아. (cold)

4 나는 피곤하지 않아. (tired)

단어 cold 추운 | tired 피곤한

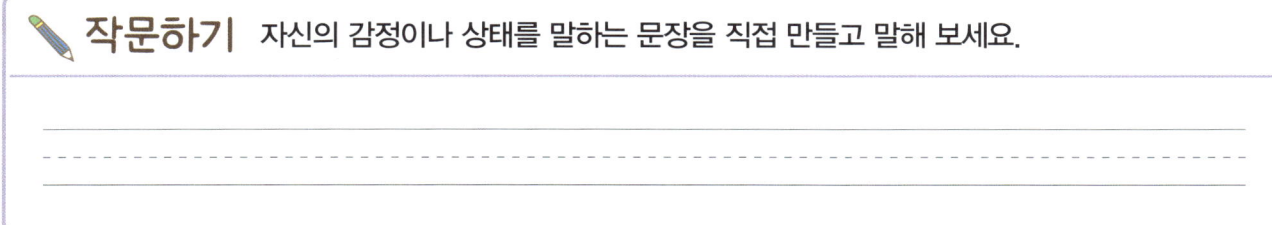

✏️ **작문하기** 자신의 감정이나 상태를 말하는 문장을 직접 만들고 말해 보세요.

19

It's big.

크기/길이 묘사하기　　　　🔊 03-1

A 진짜 커.

B 길어.

'It's + 크기/길이' 말하기

사물의 크기나 길이를 말할 때 'It's + 크기/길이'라고 해요. It's는 It is의 줄인 표현이에요.

🅰 **오늘의 단어**　단어를 여러 번 따라 읽고, 써 보세요.　✅ ☐ ☐　🔊 03-2

big 큰	small 작은	long 긴	short 짧은
b	sm	ng	t
	ll	l	sh

It's + 크기/길이. = It is + 크기/길이. (그것은) ~이다.

It's big. = It is big. 그것은 커.

✔ 단어의 순서를 알맞게 배열해 보세요.

It   big.   is

_____

- -

🔍 **표현 연습하기** 우리말과 같은 뜻이 되도록 문장을 완성해 보세요.   🔊 03-4

It's +

small	long	short
작은	긴	짧은

* 문장의 첫 글자는 항상 대문자로 써야 해요.

1 그것은 작아.   small.

2 그것은 길어.

3 그것은 짧아.

⚛️ 표현 확장하기 not을 붙여서 문장을 완성해 보세요.

🔊 03-5

It's big. ↔ It's not big. 그것은 안 크다(크지 않다).

*not은 is 뒤에 써야 해요.

❶ 그것은 안 길어. (long)

❷ 그것은 안 작아. (small)

❸ 그것은 높지 않아. (high)

❹ 그것은 넓지 않아. (wide)

단어 high 높은 | wide 넓은

✏️ 작문하기 사물의 특징을 말하는 문장을 직접 만들고 말해 보세요.

He's tall.

다른 사람 외모 묘사하기

🔊 04-1

He's tall.

She is cute.

Ⓐ 그는 키가 커.

Ⓑ 그녀는 귀여워.

'He's / She's + 외모' 말하기

다른 사람의 외모를 묘사할 때 남자는 'He's + 외모', 여자는 'She's + 외모'라고 해요. He's는 He is를, She's는 She is를 줄인 표현이에요.

* he 그   she 그녀

Ⓐ **오늘의 단어** 단어를 여러 번 따라 읽고, 써 보세요. ✅ ☐ ☐   🔊 04-2

tall 키가 큰	short 키가 작은	pret·ty 예쁜	cute 귀여운
t	t	ty	c
ll	sh	pr	e

* 긴 단어는 음절로 나눠 외워 보세요. 하이라이트된 부분은 강세를 줘서 읽어요.

He's / She's + 외모. = He is / She is + 외모. 그는/그녀는 ~이다.

He's tall. = He is tall. 그는 키가 커.

✅ 단어의 순서를 알맞게 배열해 보세요.

is   tall.   He

_____

_____

🔍 **표현 연습하기** 우리말과 같은 뜻이 되도록 문장을 완성해 보세요.   🔊 04-4

He's / She's +

short
키가 작은

pretty
예쁜

cute
귀여운

.

* 남자는 he(그는)로, 여자는 she(그녀는)로 구분해서 써야 해요.

❶ 그는 키가 작아.

_____ short.

❷ 그녀는 예뻐.

_____

❸ 그녀는 귀여워.

_____

He's tall. ↔ He's **not** tall. 그는 키가 안 크다(크지 않다).

* not은 is 뒤에 써야 해요.

① 그는 키가 안 작아. (short)

② 그녀는 예쁘지 않아. (pretty)

③ 그는 안 통통해. (chubby)

④ 그녀는 날씬하지 않아. (slim)

단어 chubby 통통한 | slim 날씬한

✏️ **작문하기** 친구의 외모를 묘사하는 문장을 직접 만들고 말해 보세요.

A 그림을 보고, 우리말과 일치하는 표현을 골라 동그라미 표시해 보세요.

1

그것은 커.

ⓐ It's big.
ⓑ It's long.

2

그것은 작아.

ⓐ It is short.
ⓑ It is small.

3

그는 키가 커.

ⓐ He's tall.
ⓑ She's tall.

4

나는 슬퍼.

ⓐ I'm sad.
ⓑ I'm not sad.

5

나는 마이크야.

ⓐ I'm Bomi.
ⓑ I'm Mike.

6

그녀는 예뻐.

ⓐ She is pretty.
ⓑ She is cute.

B 각 두 단어 중 선택한 뒤 문장을 직접 써 보세요.

1

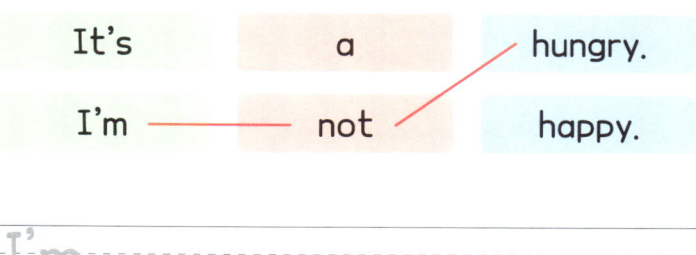

나는 배가 안 고파.

| It's | a | hungry. |
| I'm | not | happy. |

I'm _____

2

그녀는 안 귀여워.

| She's | no | cute. |
| He's | not | short. |

3

그것은 길지 않아.

| I | not | is | long. |
| It | is | not | fun. |

4

그는 화가 안 났어.

| He | am | not | tired. |
| She | is | my | angry. |

27

I like chicken.

좋아하는 음식 말하기

🔊 05-1

I like chicken.

I like pizza.

Ⓐ 나는 치킨이 좋아.

Ⓑ 나는 피자가 좋아.

'I like + 음식' 말하기

내가 좋아하는 음식을 말할 때 'I like + 음식'이라고 말해요. 음식 외에도 좋아하는 것을 말할 때는 I like로 말하면 돼요. 무엇을 좋아하는지 물어볼 때 'What do you like?'라고 해요.

* like 좋아하다

Ⓐ **오늘의 단어** 단어를 여러 번 따라 읽고, 써 보세요. ☑ ☐ ☐   🔊 05-2

chick·en	or·ange	sal·ad	piz·za
치킨	오렌지, 주황색의	샐러드	피자
ch	or	ad	za
en	ge	s	p

* 긴 단어는 음절로 나눠 외워 보세요. 하이라이트된 부분은 강세를 줘서 읽어요.

💬 오늘의 표현 표현을 잘 듣고, 큰 소리로 읽어 보세요. ☑ ▢ ▢   🔊 05-3

I like + 음식. 나는 ~을/를 좋아한다.

I like chicken. 나는 치킨이 좋아.

✔ 단어의 순서를 알맞게 배열해 보세요.

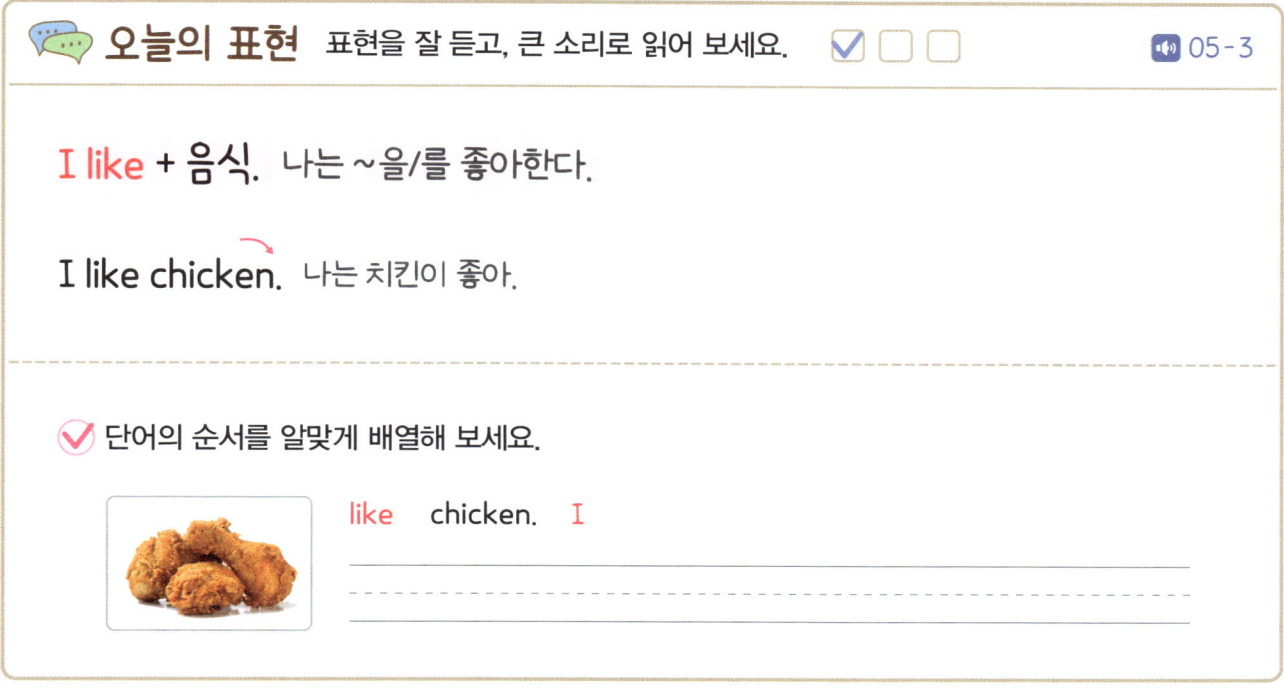

like   chicken.   I

_____

- -

_____

🔍 표현 연습하기 우리말과 같은 뜻이 되도록 문장을 완성해 보세요.   🔊 05-4

I like + oranges   salad   pizza .
          오렌지   샐러드   피자

＊I like orange.는 '나는 주황색이 좋아.'예요. 과일을 의미할 때는 복수형으로 써요.

❶ 나는 오렌지가 좋아.   _____ oranges.

❷ 나는 샐러드가 좋아.   _____

❸ 나는 피자가 좋아.   _____

I like chicken. ↔ I don't like chicken. 나는 치킨이 싫다(좋아하지 않는다).

* don't는 do not을 줄인 표현이에요.

1 나는 피자가 싫어. (pizza)

X

_____

2 나는 오렌지를 좋아하지 않아. (oranges)

X

_____

3 나는 토마토가 싫어. (tomatoes)

X

_____

4 나는 우유를 좋아하지 않아. (milk)

X

_____

단어 tomato 토마토 | milk 우유

✏️ **작문하기** 좋아하거나 싫어하는 음식을 말하는 문장을 직접 만들고 말해 보세요.

_____

I have a pencil.

가지고 있는 물건 말하기

🔊 06-1

> I have a pencil.

> I have glue.

Ⓐ 나는 연필이 있어.

Ⓑ 나는 풀이 있어.

'I have + 물건' 말하기

내가 가지고 있는 물건을 말할 때는 'I have + 물건'이라고 해요. 무엇을 가지고 있는지 물을 때는 'What do you have?'라고 해요.

* have 가지고 있다

Ⓐ **오늘의 단어** 단어를 여러 번 따라 읽고, 써 보세요. ✅ ☐ ☐ 🔊 06-2

pen·cil	glue	book	e·ras·er
연필	풀, 접착제	책	지우개
pen	gl	k	er
cil	ue	b	e

＊긴 단어는 음절로 나눠 외워 보세요. 하이라이트된 부분은 강세를 줘서 읽어요.

31

I have + 물건. 나는 (~을 가지고) 있다.

I have a pencil. 나는 연필이 있어.

✅ 단어의 순서를 알맞게 배열해 보세요.

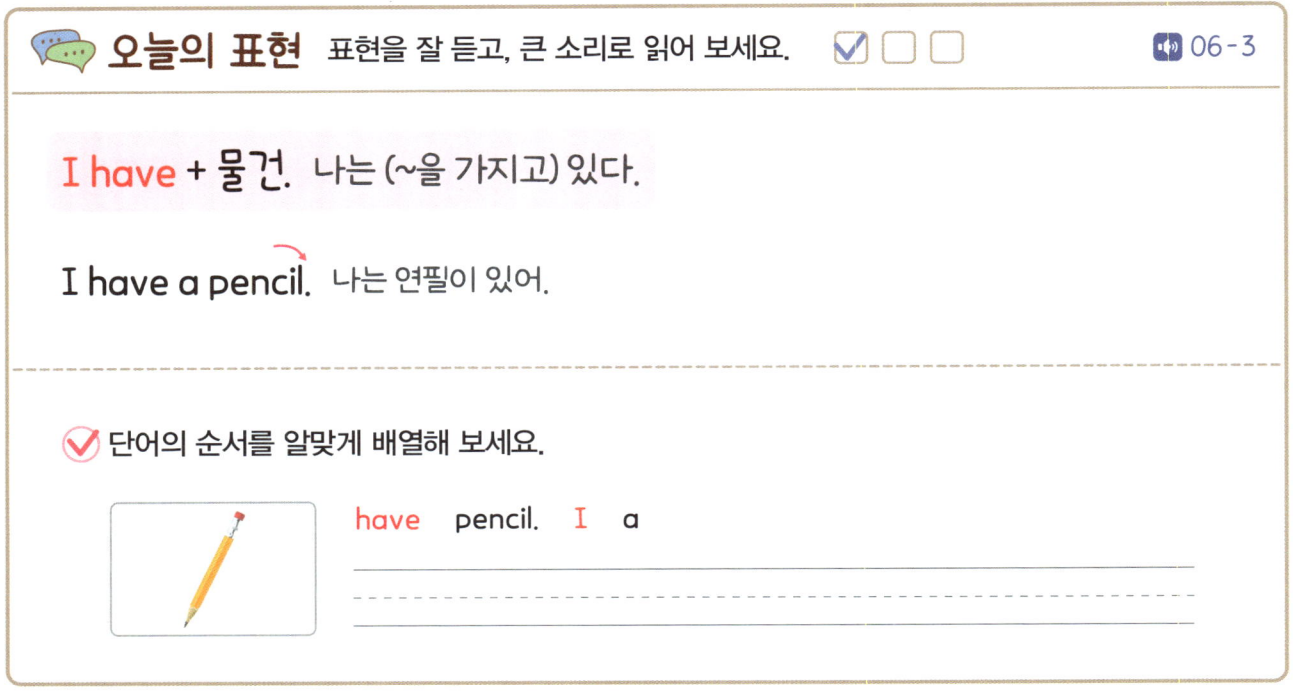

have   pencil.   **I**   a

_____

_____

🔍 **표현 연습하기** 우리말과 같은 뜻이 되도록 문장을 완성해 보세요. 🔊 06-4

I have +

glue
풀

a book
책

an eraser
지우개

.

* a나 an은 '하나, 한 개'를 나타내는 말이에요. 단, 풀은 셀 수 없어서 a나 an을 못 써요.

1 나는 풀이 있어.

_____ glue.

2 나는 책이 있어.

_____

3 나는 지우개가 있어.

_____

I have a pencil. ↔ **I don't have a pencil.** 나는 연필이 없어.

❶ 나는 책이 없어. (a book)

* don't는 do not을 줄인 표현이에요.

❷ 나는 풀이 없어. (glue)

❸ 나는 펜이 없어. (a pen)

❹ 나는 공책이 없어. (a notebook)

단어 pen 펜 | notebook 공책

✏ **작문하기** 가지고 있는 것이나 없는 것을 말하는 문장을 직접 만들고 말해 보세요.

She's my mom.

DAY 07

누구인지 관계 말하기

🔊 07-1

Who's she?

She's my mom.

Ⓐ 그녀는 누구시니?

Ⓑ 우리 엄마야.

'He's / She's + my 관계' 말하기

누구인지 말할 때 'He's / She's + my 관계'로 표현해요. 성별에 따라 남자면 he, 여자면 she라고 해요. 누구인지 물을 때 'Who is he / she?(그는/그녀는 누구니?)'라고 해요.

* who 누구, 누가

🅰 오늘의 단어   단어를 여러 번 따라 읽고, 써 보세요. ✅ ☐ ☐   🔊 07-2

mom	dad	broth·er	sis·ter
엄마	아빠	형, 오빠, 남동생	누나, 언니, 여동생
m ☐ ☐	d ☐ ☐	☐ ☐ ☐ ☐ er	☐ ☐ ☐ ter
☐ ☐ ☐	☐ ☐ d	bro ☐ ☐ ☐ ☐	sis ☐ ☐ ☐

* 긴 단어는 음절로 나눠 외워 보세요. 하이라이트된 부분은 강세를 줘서 읽어요.

34

He's / She's + my 관계. = He is / She is + my 관계. 그는/그녀는 나의 ~이다.

She's my mom. = She is my mom. 그녀는 나의 엄마야.

✅ 단어의 순서를 알맞게 배열해 보세요.

mom. my is She

_____

- -

_____

He's / She's +

my dad
나의 아빠

my brother
나의 남동생

my sister
나의 여동생

.

＊남자는 he(그는)로, 여자는 she(그녀는)로 구분해서 써야 해요.

① 그는 나의 아빠야.

_____ dad.

② 그는 내 남동생이야.

_____

③ 그녀는 나의 여동생이야.

_____

표현 확장하기 not을 붙여서 문장을 완성해 보세요. ◀)) 07-5

> **She's my mom.** ↔ **She's not my mom.** 그녀는 나의 엄마가 아니다.
>
> * not은 is 뒤에 써야 해요.

1 그는 나의 아빠가 아니야. (dad)

_____

- - - - - - - - - - - - - - - - - - - -

_____

2 그녀는 나의 언니가 아니야. (sister)

_____

- - - - - - - - - - - - - - - - - - - -

_____

3 그녀는 나의 선생님이 아니야. (teacher)

_____

- - - - - - - - - - - - - - - - - - - -

_____

4 그는 내 친구가 아니야. (friend)

_____

- - - - - - - - - - - - - - - - - - - -

_____

단어 **teacher** 선생님 | **friend** 친구

✏️ 작문하기 자신과의 관계를 묘사하는 문장을 직접 만들고 말해 보세요.

_____

- - - - - - - - - - - - - - - - - - - -

_____

He's a cook.

다른 사람 직업 말하기

🔊 08-1

He's a cook.

She is a firefighter.

Ⓐ 그(아빠)는 요리사야.

Ⓑ 그녀(엄마)는 소방관이야.

'He's / She's + 직업' 말하기

다른 사람의 직업을 말할 때, 남자는 'He's + 직업', 여자는 'She's + 직업'이라고 해요. 직업 이름 앞에는 a나 an을 함께 써요. 직업을 물을 때는 'What does he / she do?'라고 해요.

* firefighter 소방관

Ⓐ **오늘의 단어** 단어를 여러 번 따라 읽고, 써 보세요. ☑ ☐ ☐   🔊 08-2

cook 요리사	nurse 간호사	vet 수의사	de·sign·er 디자이너
c	e	v	de er
k	n		er

*긴 단어는 음절로 나눠 외워 보세요. 하이라이트된 부분은 강세를 줘서 읽어요.

💬 오늘의 표현 표현을 잘 듣고, 큰 소리로 읽어 보세요. ☑ ☐ ☐

He's / She's + 직업. = He is / She is + 직업. 그는/그녀는 ~이다.

He's a cook. = He is a cook. 그는 요리사야.

✓ 단어의 순서를 알맞게 배열해 보세요.

is   cook.   He   a

_____

🔍 표현 연습하기 우리말과 같은 뜻이 되도록 문장을 완성해 보세요.   08-4

He's / She's   +

a nurse
간호사

a vet
수의사

a designer
디자이너

.

＊직업을 나타내는 단어 앞에는 a나 an을 써요.

① 그는 간호사야.
_____
---------------------------- nurse.

② 그녀는 수의사야.
_____
----

③ 그녀는 디자이너야.
_____

He's a cook. ↔ He's **not** a cook. 그는 요리사가 아니다.

*not은 is 뒤에 써야 해요.

1 그는 수의사가 아니야. (a vet)

_____

2 그녀는 간호사가 아니야. (a nurse)

_____

3 그녀는 선생님이 아니야. (a teacher)

_____

4 그녀는 학생이 아니야. (a student)

_____

단어 teacher 선생님 | student 학생

✏️ **작문하기** 부모나 이웃의 직업을 소개하는 문장을 직접 만들고 말해 보세요.

_____

A 그림을 보고, 우리말과 일치하는 표현을 골라 동그라미 표시해 보세요.

1

나는 지우개가 있어.

ⓐ It is an eraser.
ⓑ I have an eraser.

2

나는 치킨이 좋아.

ⓐ I have chicken.
ⓑ I like chicken.

3

나는 풀이 있어.

ⓐ I have glue.
ⓑ I have a book.

4

그는 요리사야.

ⓐ She's a cook.
ⓑ He's a cook.

5

그녀는 수의사야.

ⓐ She's a vet.
ⓑ He's not my dad.

6

나는 피자가 좋아.

ⓐ I like pizza.
ⓑ I don't like pizza.

B 단어를 순서대로 배열하여 완전한 문장을 만들어 보세요.

1   have   I   pencil.   a

나는 연필이 있어.

_____

- -

_____

2   is   nurse.   He   a

그는 간호사야.

_____

- -

_____

3   don't   I   salad.   like

나는 샐러드가 싫어.

_____

- -

_____

4   not   mom.   She's   my

그녀는 나의 엄마가 아니야.

_____

- -

_____

5   is   He   my   brother.

그는 내 남동생이야.

_____

- -

DAY 09
I study every day.

하루 일과 말하기

🔊 09-1

Ⓐ 나는 매일 공부해.

Ⓑ 나는 8시에 책을 읽어.

'I + 동사 + every day' 말하기

하루 일과를 말할 때 'I + 일과 + every day.'
라고 해요. every day 대신에 'at + 시각'을
써서 구체적으로 말할 수 있어요. 물어볼 때
는 'What time do you + 일과?'라고 해요.

* every day 매일   eight 8, 여덟

🅰 **오늘의 단어**   단어를 여러 번 따라 읽고, 써 보세요.   ✅ ☐ ☐   🔊 09-2

stud·y	get up	ear·ly	home·work
공부하다	일어나다	일찍	숙제
st ☐☐☐	☐☐☐ up	☐☐☐ ly	☐☐☐ work
☐☐☐☐ y	g ☐☐☐	e ☐☐☐	home ☐☐☐
___	___	___	___
___	___	___	___

* 긴 단어는 음절로 나눠 외워 보세요. 하이라이트된 부분은 강세를 줘서 읽어요.

42

💬 오늘의 표현 표현을 잘 듣고, 큰 소리로 읽어 보세요. ☑ ☐ ☐ 🔊 09-3

I + 동사 + every day. 나는 매일 ~한다.

I study every day. 나는 매일 공부해.

✔️ 단어의 순서를 알맞게 배열해 보세요.

every   study   day.   I

_____

- - - - - - - - - - - - - - -

🔍 표현 연습하기 우리말과 같은 뜻이 되도록 문장을 완성해 보세요. 🔊 09-4

I   +   get up early   read a book   do my homework   every day.
       일찍 일어나다   책을 읽다   숙제를 하다

1 나는 매일 일찍 일어나.   get up _____

2 나는 매일 책을 읽어.   _____

3 나는 매일 숙제를 해.   _____

43

⚛️ 표현 확장하기 don't를 붙여서 문장을 완성해 보세요. 🔊 09-5

> **I study every day.** ↔ **I don't study every day.** 매일 공부하지는 않는다.
>
> *don't 뒤에는 항상 동사원형을 써야 해요.

1 나는 매일 일찍 일어나지는 않아. (get up early)

2 나는 매일 숙제를 하지는 않아. (do my homework)

3 나는 매일 아침을 먹지는 않아. (have breakfast)

4 나는 매일 일찍 자지는 않아. (go to bed early)

단어 have breakfast 아침 식사를 하다 | go to bed 자러 가다

✏️ 작문하기 하루 일과를 표현하는 문장을 직접 만들고 말해 보세요.

44

I can skate.

할 수 있는 것 말하기

🔊 10-1

A 나는 스케이트 탈 수 있어.

B 나는 수영할 수 있어.

'I can + 동사' 말하기

나는 할 수 있다고 말할 때 'I can + 동사'라고 말해요. 무엇을 할 수 있는지 물을 때는 'What can you do?'라고 해요.

* can ～할 수 있다

오늘의 단어   단어를 여러 번 따라 읽고, 써 보세요.   ✅ ☐ ☐

🔊 10-2

skate 스케이트를 타다	swim 수영하다	dance 춤을 추다	sing 노래하다
sk	sw	ce	s
te	m	d	ng

I can + 동사 나는 ~할 수 있다.

I can skate. 나는 스케이트 탈 수 있어.

✅ 단어의 순서를 알맞게 배열해 보세요.

can   skate.   I

_____

- - - - - - - - - - - - - - - - -

_____

🔍 **표현 연습하기** 우리말과 같은 뜻이 되도록 문장을 완성해 보세요.   🔊 10-4

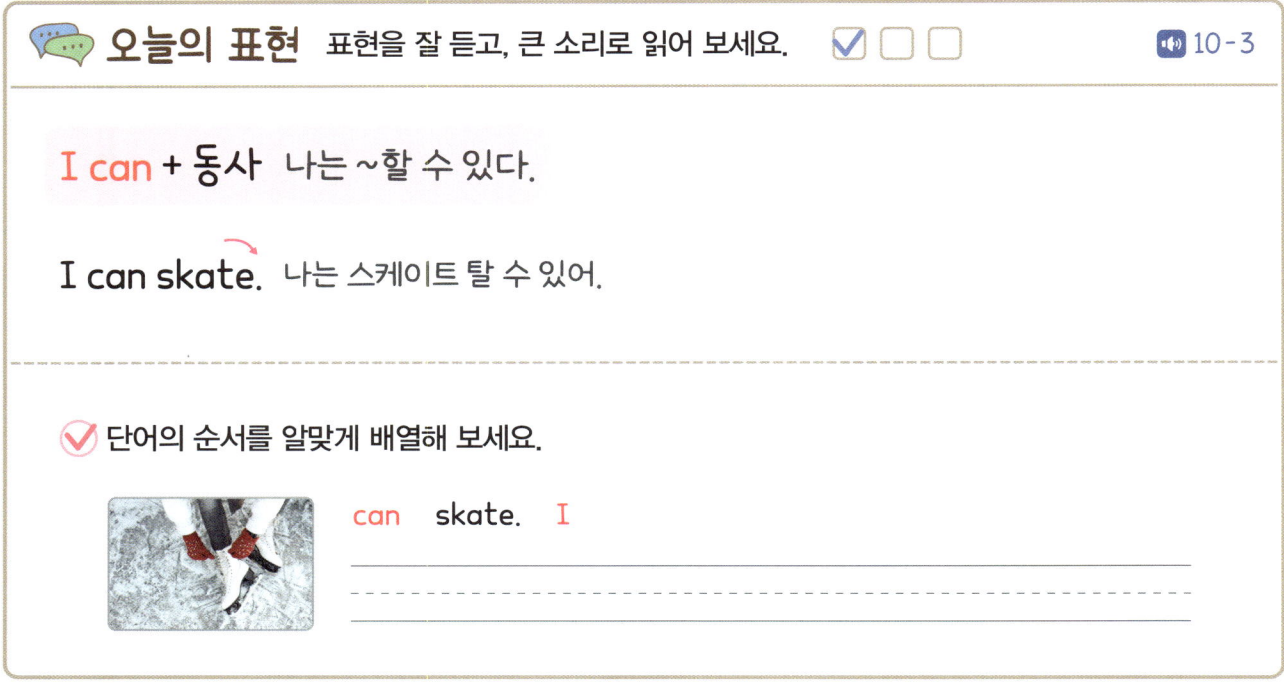

I can + swim   dance   sing   .
            수영하다   춤을 추다   노래를 하다

1 나는 수영할 수 있어.   swim.

2 나는 춤출 수 있어.

3 나는 노래할 수 있어.

⚛️ 표현 확장하기 can't를 붙여서 문장을 완성해 보세요.

I can skate. ↔ I can't skate. 나는 스케이트를 탈 수 없다(못 탄다).

*can't는 cannot을 줄인 표현이에요.

1 나는 수영을 못 해. (swim)

2 나는 춤을 못 춰. (dance)

3 나는 다이빙을 못 해. (dive)

4 나는 빨리 달릴 수 없어. (run fast)

단어 dive 다이빙하다 | run 뛰다, 달리다 | fast 빨리

✏️ 작문하기 할 수 있거나 할 수 없는 것을 말하는 문장을 직접 만들고 말해 보세요.

Be quiet, please.

지시하기

🔊 11-1

Ⓐ 조용히 해 주세요.

줄을 서 주세요.

'동사, please' 말하기

행동을 지시할 때 '동사, please'라고 말해요. 명령하는 말에 please를 붙이면 '~해 주십시오'라는 부탁의 표현이 돼요. Okay.(네) 또는 Sure.(물론이죠.)로 대답할 수 있어요.

* please 제발

Ⓐ **오늘의 단어** 단어를 여러 번 따라 읽고, 써 보세요. ☑ ☐ ☐   🔊 11-2

quiet 조용한	line 선, 줄을 세우다	stand 서다	sit 앉다
qu	l	sta	s
et		s	

48

동사, please. ~해 주세요.

Be quiet, please. 조용히 해 주세요.

✔ 단어의 순서를 알맞게 배열해 보세요.

please.   Be   quiet,

_____

- - - - - - - - - - - - - - - - - - - -

🔍 **표현 연습하기** 우리말과 같은 뜻이 되도록 문장을 완성해 보세요.   🔊 11-4

Line up
줄을 서다

Stand up
서다

Sit down
앉다

+ , please.

1 줄을 서 주세요.   Line up, _____

2 일어서 주세요.   _____

3 앉아 주세요.   _____

⚛️ 표현 확장하기   Don't를 붙여서 문장을 완성해 보세요.

Be quiet, please. ↔ **Don't be quiet, please.** 조용히 하지 마세요.

＊Don't는 Do not을 줄인 표현이에요. 하지 말라고 금지할 때 써요.

❶ 앉지 마세요. (sit down)

❷ 일어서지 마세요. (stand up)

❸ 늦지 마세요. (be late)

❹ 밀지 마세요. (push)

단어 late 늦은 | push 밀다

✏️ 작문하기   지시하거나 금지하는 문장을 직접 만들고 말해 보세요.

DAY 12
Let's play soccer.

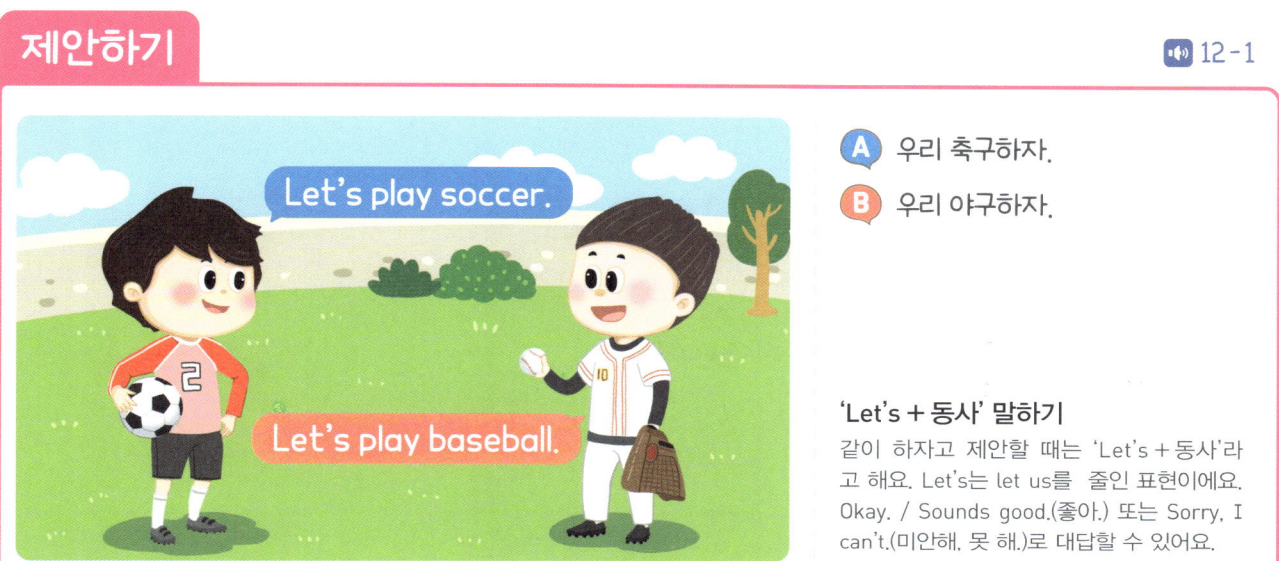

Let's play soccer.

Let's play baseball.

Ⓐ 우리 축구하자.

Ⓑ 우리 야구하자.

'Let's + 동사' 말하기

같이 하자고 제안할 때는 'Let's + 동사'라고 해요. Let's는 let us를 줄인 표현이에요. Okay. / Sounds good.(좋아.) 또는 Sorry, I can't.(미안해, 못 해.)로 대답할 수 있어요.

Ⓐ **오늘의 단어** 단어를 여러 번 따라 읽고, 써 보세요. ☑ ☐ ☐ 🔊 12-2

soc·cer 축구	base·ball 야구	out·side 밖으로	eat out 외식하다
soc	base	out	out
cer	ball	side	eat

* 긴 단어는 음절로 나눠 외워 보세요. 하이라이트된 부분은 강세를 줘서 읽어요.

51

Let's + 동사. (우리) ~하자.

Let's play soccer. 축구하자.

✅ 단어의 순서를 알맞게 배열해 보세요.

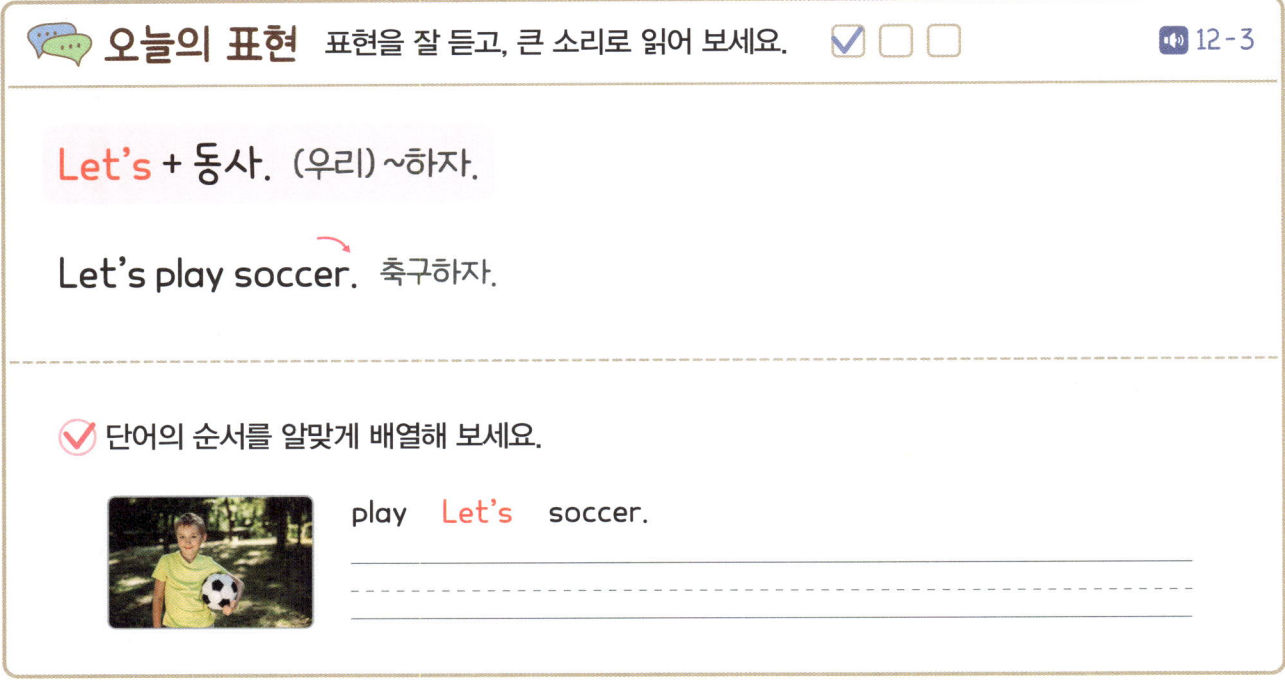

play   Let's   soccer.

_____

- - - - - - - - - - - - - - - - -

Let's +

play baseball
야구하다

go outside
나가다

eat out
외식하다

.

1 야구하다.
_____ baseball.

2 나가자.
_____

3 외식하자.
_____

52

표현 확장하기 not을 붙여서 문장을 완성해 보세요. 🔊 12-5

Let's play soccer. ↔ Let's **not** play soccer. 축구를 하지 말자.

* not은 Let's 뒤에 써야 해요.

1 나가지 말자. (go outside)

----

2 외식하지 말자. (eat out)

----

3 여기서는 이야기하지 말자. (talk here)

----

4 오늘 스키를 타지 말자. (ski today)

단어 **talk** 말하다, 이야기하다 | **here** 여기에서 | **ski** 스키를 타다 | **today** 오늘

✏️ **작문하기** 친구에게 제안하는 문장을 직접 만들고 말해 보세요.

A 그림을 보고, 우리말과 일치하는 표현을 골라 동그라미 표시해 보세요.

1

앉아 주세요.

ⓐ Sit down, please.
ⓑ Line up, please.

2

밀지 마세요.

ⓐ Don't push, please.
ⓑ Don't stand up, please.

3

야구하자.

ⓐ Let's play soccer.
ⓑ Let's play baseball.

4

나는 일찍 일어나.

ⓐ I study every day.
ⓑ I get up early.

5

나는 다이빙을 못해.

ⓐ I can dive.
ⓑ I can't dive.

6

나는 수영할 수 있어.

ⓐ I can swim.
ⓑ I can skate.

B 각 두 단어 중 선택한 뒤 문장을 직접 써 보세요.

1

나는 매일 책을 읽어.

| I | read | homework | early. |
| We | do | a book | every day. |

- - - - - - - - - - - - - - - - - - - -

2

외식하자.

| Let's | go | out. |
| Don't | eat | outside. |

- - - - - - - - - - - - - - - - - - - -

3

나는 빨리 달릴 수 없어.

| He | can | run | up. |
| I | can't | swim | fast. |

- - - - - - - - - - - - - - - - - - - -

4

늦지 마세요.

| Don't | be | quiet, | please. |
| Do | are | late, | too. |

- - - - - - - - - - - - - - - - - - - -

Part 2

물고 답하기 1

(답 위주)

⭐ 영어 말하기를 배울 때 기억하세요!

① 먼저 듣고 그대로 따라 읽어 보세요.

② 문장 끝을 올리는지, 내리는지 주의하세요.

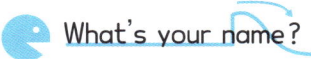 What's your name?

⭐ 질문에 대답할 때 주의하세요!

① 묻는 말에 맞춰서 답하므로 질문과 답을 짝을 이뤄 익혀요.

질문) What's your name? ➡ 대답) My name is Jinho.

　　　네 이름은 뭐니?　　　　　　　내 이름은 진호야.

② 묻고 답할 때 묻는 동사에 맞게 대답해요.

질문) Who's she? ➡ 대답) She is my mom.

질문) What are you doing? ➡ 대답) I am singing.

What's this?
It's a ball.

무엇인지 묻고 답하기
🔊 13-1

What's this?

It's a ball.

Ⓐ 이게 뭐니?

Ⓑ 그것은 공이야.

'What's this?'에 답하기

물건이 무엇인지 물으면 'It's + 물건'이라고 대답해요. this(이것)는 가까운 사물을, that(저것)은 멀리 있는 사물을 가리켜요.

* this 이것   that 저것

Ⓐ **오늘의 단어** 단어를 여러 번 따라 읽고, 써 보세요. ☑ ☐ ☐ 🔊 13-2

ball 공	clock 시계	desk 책상	chair 의자
b ▢▢▢	cl ▢▢▢	d ▢▢▢	ch ▢▢▢
▢▢ ll	▢▢▢ ck	▢▢ sk	▢▢ air

💬 **오늘의 표현** 표현을 잘 듣고, 큰 소리로 읽어 보세요. ☑ ☐ ☐   🔊 13-3

A **What's this / that?** 이것은/저것은 뭐니?

B **It's a ball.** 그것은 공이야.

＊What(무엇)으로 시작하는 질문은 말할 때 문장 끝을 내려줘요.

🔍 **표현 연습하기** 빈칸을 채워 질문과 대답을 완성해 보세요.   🔊 13-4

It's + a clock / a desk / a chair .

a clock 시계   a desk 책상   a chair 의자

＊It's 뒤에는 하나를 나타내는 사물을 써요.

❶ A : What's _____ ?   이것은 뭐니?

   B : _____ clock. _____   그것은 시계야.

❷ A : What's _____ ?   저것은 뭐니?

   B : _____   그것은 책상이야.

❸ A : _____ ?   저것은 뭐니?

   B : _____   그것은 의자야.

⚛ 표현 확장하기

① 우리말에 알맞은 표현과 연결해 보세요.

> this/that과 명사를 함께 쓰면 더 자세하게 질문할 수 있어요. 대답은 똑같이 it으로 해요.

1 이 상자는 뭐니? •　　　　　• What's that smell?

2 그것은 내 책이야. •　　　　　• It's a fish.

3 저 냄새는 뭐야? •　　　　　• What's this box?

4 그것은 생선이야. •　　　　　• It's my book.

② 우리말에 알맞은 표현을 써 보세요.

1 이 요리는 뭐니? (dish)

_____

2 저 노래는 뭐니? (song)

_____

3 그것은 내 가방이야. (my bag)

_____

단어 smell 냄새 | fish 생선, 물고기 | box 상자 | dish 요리, 접시 | song 노래 | bag 가방

✏ 작문하기 주위의 물건이 무엇인지 묻는 질문에 답하는 문장을 만들고, 대화문을 읽어 보세요.

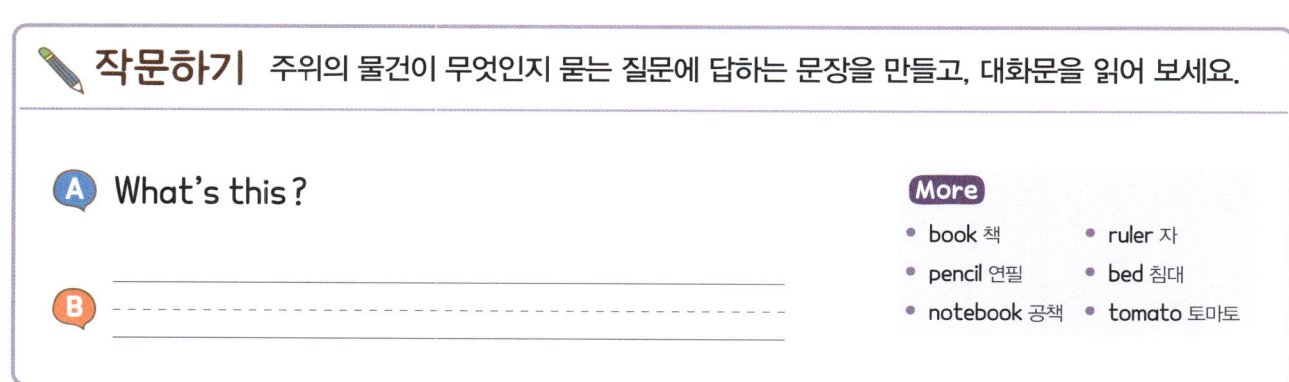

A What's this?

B _____

More
- book 책
- pencil 연필
- notebook 공책
- ruler 자
- bed 침대
- tomato 토마토

What color is it?
It's blue.

색깔 묻고 답하기

🔊 14-1

What color is it?

It's blue.

Ⓐ 그것은 무슨 색이니?

Ⓑ 파란색이야.

'What color is it?'에 답하기

색깔을 물어볼 때 is it으로 물으니 대답은
It's + 색'이라고 해요.

Ⓐ **오늘의 단어** 단어를 여러 번 따라 읽고, 써 보세요. ☑ ☐ ☐   🔊 14-2

blue	red	yel·low	green
파란색	빨간색	노란색	초록색
bl	r	yel	gr
ue	d	ow	n

* 긴 단어는 음절로 나눠 외워 보세요. 하이라이트된 부분은 강세를 줘서 읽어요.

Ⓐ **What color is it ?** 그것은 무슨 색이니?

Ⓑ **It's blue.** (그것은) 파란색이야.

＊ What(무슨)으로 시작하는 질문은 말할 때 문장 끝을 내려줘요.

🔍 **표현 연습하기** 빈칸을 채워 질문과 대답을 완성해 보세요. 🔊 14-4

It's +

red
빨간색

yellow
노란색

green
초록색

.

❶ A : **What** _____ **is it ?** 그것은 무슨 색이니?

 B : _____ **red.** 빨간색이야.

❷ A : _____ ? 그것은 무슨 색이니?

 B : _____ 노란색이야.

❸ A : _____ ? 그것은 무슨 색이니?

 B : _____ 초록색이야.

표현 확장하기 🔊 14-5

구체적으로 물어볼 때는 it 자리에 그 사물을 써요.
대답할 때 색 앞에 light(연한), dark(어두운)를 추가해 보세요.

① 우리말에 알맞은 표현과 연결해 보세요.

1 네 가방은 무슨 색이니? •   • It's light brown.

2 네 우산은 무슨 색이니? •   • What color is your umbrella?

3 그것은 진한 갈색이야. •   • It's dark brown.

4 그것은 연한 갈색이야. •   • What color is your bag?

② 우리말에 알맞은 표현을 써 보세요.

1 네 머리카락은 무슨 색이니? (your hair)

_____

2 그것은 진한 빨간색이야. (dark red)

_____

3 그것은 밝은 초록색이야. (light green)

_____

단어 **light** 연한, 밝은 | **brown** 갈색 | **umbrella** 우산 | **dark** 진한, 어두운 | **hair** 머리카락

✏️ 작문하기 사물의 색이 무엇인지 묻는 질문에 답하는 문장을 만들고, 대화문을 읽어 보세요.

Ⓐ What color is it?

More
- white 흰색
- black 검정색

Ⓑ _____

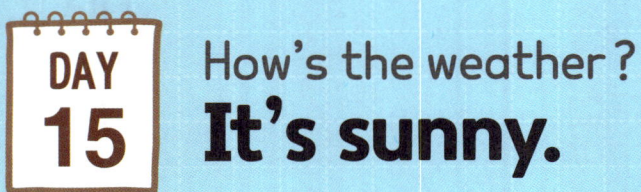

날씨 묻고 답하기   🔊 15-1

It's sunny.

How's the weather?

Ⓐ 날씨는 어때요?

Ⓑ 화창해.

'How's the weather?'에 답하기

How's는 How is의 줄임말이에요. 날씨를 묻는 질문에도 'It's + 날씨'로 대답해요.

* how 어떻게, 어떤   weather 날씨

Ⓐ 오늘의 단어 단어를 여러 번 따라 읽고, 써 보세요. ☑ ☐ ☐   🔊 15-2

sun·ny	cloud·y	wind·y	rain·y
화창한	흐린	바람이 부는	비가 오는
s	cl	w	r
y	y	y	y

*긴 단어는 음절로 나눠 외워 보세요. 하이라이트된 부분은 강세를 줘서 읽어요.

표현을 잘 듣고, 큰 소리로 읽어 보세요. ☑ ☐ ☐   🔊 15-3

A **How's the weather?** 날씨가 어떠니?

B **It's sunny.** 화창해.

＊How(어떤)로 시작하는 질문은 말할 때 문장 끝을 내려줘요.

🔍 **표현 연습하기** 빈칸을 채워 질문과 대답을 완성해 보세요.   🔊 15-4

It's +

cloudy
흐린

windy
바람이 부는

rainy
비가 오는

.

❶ A : How's the _____ ?   날씨가 어떠니?

   B : _____ cloudy. _____   (날씨가) 흐려.

❷ A : How's _____ ?   날씨가 어떠니?

   B : _____   바람이 불어.

❸ A : _____ ?   날씨가 어떠니?

   B : _____   비가 내려.

⚛ 표현 확장하기

① 우리말에 알맞은 표현과 연결해 보세요.

> cold(추운), cool(시원한), warm(따뜻한), hot(더운) 등 다양한 날씨 표현이 있어요.

1 오늘은 추워. •	• It's snowy.
2 아주 따뜻하네. •	• It's very warm.
3 오늘 날씨가 어떠니? •	• It's cold today.
4 눈이 와. •	• How's the weather today?

② 우리말에 알맞은 표현을 써 보세요.

1 오늘 날씨가 어떠니? (today)

_____

2 정말 추워. (very cold)

_____

3 정말 더워. (very hot)

_____

> 단어 snowy 눈이 오는 | very 아주, 정말 | warm 따뜻한 | cold 추운 | hot 더운

✏ 작문하기   오늘 날씨를 묻는 질문에 답하는 문장을 만들고, 대화문을 읽어 보세요.

Ⓐ How's the weather today?

Ⓑ _____
   -

What time is it?
It's two o'clock.

시각 묻고 답하기
🔊 16-1

What time is it?

It's two o'clock.

Ⓐ 몇 시예요?

Ⓑ 두 시야.

'What time is it?'에 답하기

시각을 물을 때 is it이 들어가 있으니 'It's + 시각'으로 대답해요. 시간을 나타내는 It은 주어 자리를 채워주는 역할로 해석하지 않아요.

* time 시간   o'clock 시(정각)

🅰 **오늘의 단어** 단어를 여러 번 따라 읽고, 써 보세요. ☑ ☐ ☐
🔊 16-2

one	two	six	se·ven
1. 하나	2. 둘	6. 여섯	7. 일곱
e	tw	s	s
			n

*긴 단어는 음절로 나눠 외워 보세요. 하이라이트된 부분은 강세를 줘서 읽어요.

Ⓐ **What time is it?** 몇 시니?

Ⓑ **It's two o'clock.** 두 시야.

* What(몇)으로 시작하는 질문은 말할 때 문장 끝을 내려줘요.

🔍 **표현 연습하기** 빈칸을 채워 질문과 대답을 완성해 보세요. 🔊 16-4

It's   +   one o'clock   six o'clock   seven o'clock   .
              1시   6시   7시

* o'clock의 '(어퍼스트로피)는 of the clock에서 of가 생략되면서 표시된 거예요.

❶ A : What _____ is it?   몇 시니?

   B : _____ o'clock.   1시야.

❷ A : What _____ ?   몇 시니?

   B : _____   6시야.

❸ A : _____ ?   몇 시니?

   B : _____   7시야.

68

⚛ 표현 확장하기　🔊 16-5

❶ 우리말에 알맞은 표현과 연결해 보세요.　시각을 분까지 답할 때는 시와 분을 순서대로 말해요.

1 지금 몇 시니?　•　　•　It's seven fifteen.

2 7시 15분이야.　•　　•　What time is it now?

3 6시 20분이야.　•　　•　It's noon.

4 정오야(12시야).　•　　•　It's six twenty.

❷ 우리말에 알맞은 표현을 써 보세요.

1 지금 몇 시니? (now)

_____

2 6시 15분이야. (fifteen)

_____

3 7시 20분이야. (twenty)

_____

단어　**fifteen** 15, 열다섯 | **now** 지금 | **noon** 정오, 낮 12시 | **twenty** 20, 스물

✏ 작문하기　현재 시각을 묻는 질문에 답하는 문장을 만들고, 대화문을 읽어 보세요.

Ⓐ What time is it now?

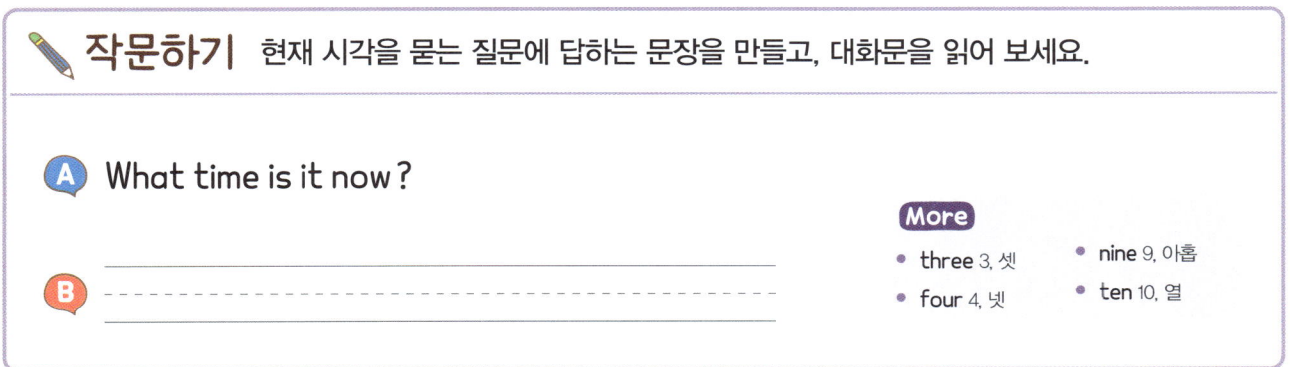

Ⓑ _____
_____

More
- three 3, 셋
- four 4, 넷
- nine 9, 아홉
- ten 10, 열

69

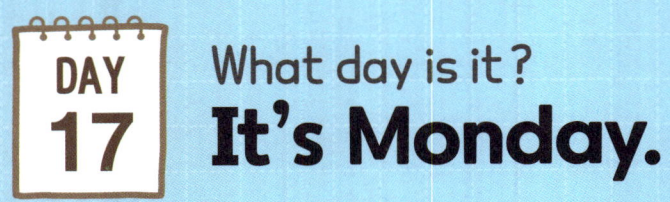

DAY 17

What day is it?
It's Monday.

요일 묻고 답하기 🔊 17-1

What day is it?

It's Monday.

A 무슨 요일이니?

B 월요일이야.

'What day is it?'에 답하기

요일을 물을 때 is it이 들어가 있으니 'It's + 요일'로 대답해요. 요일을 나타내는 It은 해석하지 않아요.

* day 요일

📖 A 오늘의 단어 단어를 여러 번 따라 읽고, 써 보세요. ☑ ☐ ☐ 🔊 17-2

Mon·day 월요일	Tues·day 화요일	Fri·day 금요일	Sun·day 일요일
Mon	Tues	Fri	Sun
day	day	day	day

＊긴 단어는 음절로 나눠 외워 보세요. 하이라이트된 부분은 강세를 줘서 읽어요.

70

💬 **오늘의 표현** 표현을 잘 듣고, 큰 소리로 읽어 보세요. ☑ ☐ ☐ 🔊 17-3

A What day is it? 무슨 요일이니?

B It's Monday. 월요일이야.

*What(무슨)으로 시작하는 질문은 말할 때 문장 끝을 내려줘요.

🔍 **표현 연습하기** 빈칸을 채워 질문과 대답을 완성해 보세요. 🔊 17-4

It's + **SUN** **FRI** **TUE** .
Sunday   Friday   Tuesday
일요일   금요일   화요일

*요일의 첫 글자는 항상 대문자로 써야 해요.

❶ A : What _____ is it?   무슨 요일이니?

   B : Sunday.   일요일이야.

❷ A : What _____ ?   무슨 요일이니?

   B : _____   금요일이야.

❸ A : _____ ?   무슨 요일이니?

   B : _____   화요일이야.

표현 확장하기

❶ 우리말에 알맞은 표현과 연결해 보세요.

> today (오늘), tomorrow (내일)을 덧붙이면 더 자세하게 말할 수 있어요.

1 오늘은 무슨 요일이니? • • It's Monday today.

2 토요일이야. • • What day is it today?

3 수요일이야. • • It's Saturday.

4 오늘은 월요일이야. • • It's Wednesday.

❷ 우리말에 알맞은 표현을 써 보세요.

1 내일은 무슨 요일이니? (tomorrow)

_____

2 내일은 목요일이야. (Thursday)

_____

3 오늘은 토요일이야. (Saturday)

_____

단어 Saturday 토요일 | Wednesday 수요일 | tomorrow 내일 | Thursday 목요일

 작문하기 오늘의 요일을 답하는 문장을 만들고, 대화문을 읽어 보세요.

Ⓐ What day is it today?

Ⓑ _____
_ _

A 그림을 보고, 질문에 알맞은 답을 골라 동그라미 표시해 보세요.

1

How's the weather?

ⓐ It's sunny.
ⓑ It's windy.

2

What's this?

ⓐ It's a clock.
ⓑ This is my book.

3

What color is it?

ⓐ It's green.
ⓑ It's yellow.

4

What day is it?

ⓐ It's Monday.
ⓑ It's Sunday.

5

What time is it?

ⓐ It's six o'clock.
ⓑ It's seven o'clock.

6

What's that?

ⓐ It's a chair.
ⓑ I have a chair.

B 단어를 순서대로 배열하여 완전한 문장을 만들어 보세요.

1   is   It   o'clock.   one

1시야.

_____

- -

_____

2   weather?   the   How's

날씨가 어떠니?

_____

- -

_____

3   is   What   it?   color

그것은 무슨 색이니?

_____

- -

_____

4   day   it?   What   is

무슨 요일이니?

_____

- -

_____

5   time   is   What   it?

몇 시니?

_____

- -

_____

C 각 두 단어 중 선택한 뒤 문장을 직접 써 보세요.

1

7시야.

| It's | six | o'clock. |
| I'm | seven | time. |

2

날씨가 어떠니?

| How's | the | color? |
| What's | cloudy | weather? |

3

그것은 공이야.

| I'm | a | ball. |
| It's | your | watch. |

4

무슨 요일이니?

| Who | time | is | you? |
| What | day | are | it? |

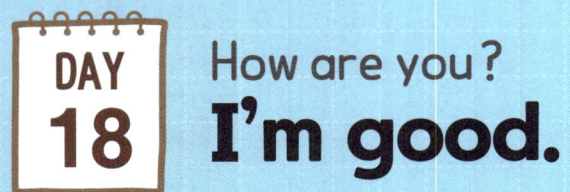

How are you?
I'm good.

안부 묻고 답하기

🔊 18-1

Hi, how are you?

I'm good. Thanks.

Ⓐ 안녕, 어떻게 지냈어?

Ⓑ 잘 지내. 고마워.

'How are you?'에 답하기

안부를 물어볼 때 are you로 물었으니 대답은 'I'm + 감정/상태'라고 해요. I'm을 생략해서 Good.이라고 짧게 대답할 수도 있어요.

Ⓐ **오늘의 단어** 단어를 여러 번 따라 읽고, 써 보세요. ☑ ☐ ☐   🔊 18-2

good 좋은	bad 나쁜	fine 괜찮은	great 아주 좋은
g	b	f	gr
d		e	t

76

💬 **오늘의 표현** 표현을 잘 듣고, 큰 소리로 읽어 보세요. ☑ ☐ ☐ 🔊 18-3

Ⓐ **How are you?** 잘 지냈니(어떻게 지냈어)?

Ⓑ **I'm good.** 잘 지내.

＊How(어떠하여)로 시작하는 질문은 말할 때 문장 끝을 내려줘요.

🔍 **표현 연습하기** 빈칸을 채워 질문과 대답을 완성해 보세요. 🔊 18-4

I'm + | fine 괜찮은 | not bad 나쁘지 않은 | great 아주 좋은 | .

❶ A : How are _____ ?   어떻게 지냈어?

  B : _____ fine.   괜찮아(좋아).

❷ A : How _____ ?   어떻게 지냈어?

  B : _____   나쁘지 않아.

❸ A : _____ ?   어떻게 지냈어?

  B : _____   아주 좋아.

⚛️ 표현 확장하기　　　　🔊 18-5

1 우리말에 알맞은 표현과 연결해 보세요.

> 대답 뒤에 Thanks. (고마워.) 또는 And you?(너는?)처럼 상대방에게 되묻는 말을 덧붙일 수 있어요.

1 난 좋아. 고마워.　•　　　•　I'm okay. And you?

2 괜찮아. 너는?　•　　　•　I'm fine. Thanks.

3 아주 좋아. 고마워!　•　　　•　I'm happy today.

4 오늘은 행복해.　•　　　•　Pretty good. Thanks!

2 우리말에 알맞은 표현을 써 보세요.

1 아주 좋아. 고마워!

_____

2 행복해. 고마워.

_____

3 나쁘지 않아. 너는?

_____

단어　okay(=fine) 괜찮은 | pretty 꽤

 작문하기　안부를 묻는 질문에 답하는 문장을 만들고, 대화문을 읽어 보세요.

Ⓐ Hi, how are you?

Ⓑ _____
‐ ‐ ‐ ‐ ‐ ‐ ‐ ‐ ‐ ‐ ‐ ‐ ‐ ‐ ‐ ‐ ‐ ‐ . Thanks.

What's your name?
My name is Jinho.

이름 묻고 답하기

🔊 19-1

I'm Minji.
What's your name?

My name is Jinho.

Ⓐ 난 민지야. 네 이름은 뭐니?

Ⓑ 내 이름은 진호야.

'What's your name?'에 답하기

What's는 What is를 줄인 말이에요. 네 이름(your name)을 물으니, 'My name is + 이름'으로 대답해요. 'I'm + 이름'으로 대답해도 돼요.

Ⓐ 오늘의 단어 단어를 여러 번 따라 읽고, 써 보세요. ☑ ☐ ☐

🔊 19-2

what 무엇	my 나의	your 너의	name 이름
wh	m	our	n
at		y	e

79

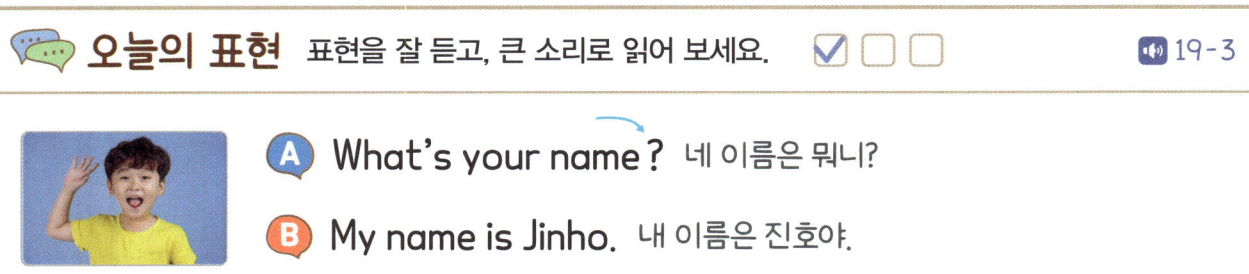

Ⓐ What's your name? 네 이름은 뭐니?

Ⓑ My name is Jinho. 내 이름은 진호야.

＊ What(무엇)으로 시작하는 질문은 말할 때 문장 끝을 내려줘요.

🔍 **표현 연습하기** 빈칸을 채워 질문과 대답을 완성해 보세요.   🔊 19-4

My name is ＋

Minsu
민수

Emma
엠마

Mary
메리

.

＊ 이름의 첫 글자는 대문자로 써요.

❶ A : What's your _____ ?   네 이름은 뭐니?

B : _____ Minsu.   내 이름은 민수야.

❷ A : What's _____ ?   네 이름은 뭐니?

B : _____   내 이름은 엠마야.

❸ A : _____ ?   네 이름은 뭐니?

B : _____   내 이름은 메리야.

⚛️ 표현 확장하기　🔊 19-5

① 우리말에 알맞은 표현과 연결해 보세요.

> name (이름) 대신 last name (성)이나 nickname (별명)을 묻고 답할 수 있어요.

1 내 이름은 렉스야. •　　　• My last name is Brown.

2 내 성은 브라운이야. •　　　• My name is Rex.

3 네 별명은 뭐니? •　　　• What's your last name?

4 네 성은 뭐니? •　　　• What's your nickname?

② 우리말에 알맞은 표현을 써 보세요.

1 네 별명이 뭐니? (nickname)

_____

2 내 성은 힐이야. (last name, Hill)

_____

3 내 별명은 작은 곰이야. (Little Bear)

_____

단어 last name 성 | nickname 별명 | little 작은 | bear 곰

✏️ 작문하기　이름을 묻는 질문에 답하는 문장을 만들고, 대화문을 읽어 보세요.

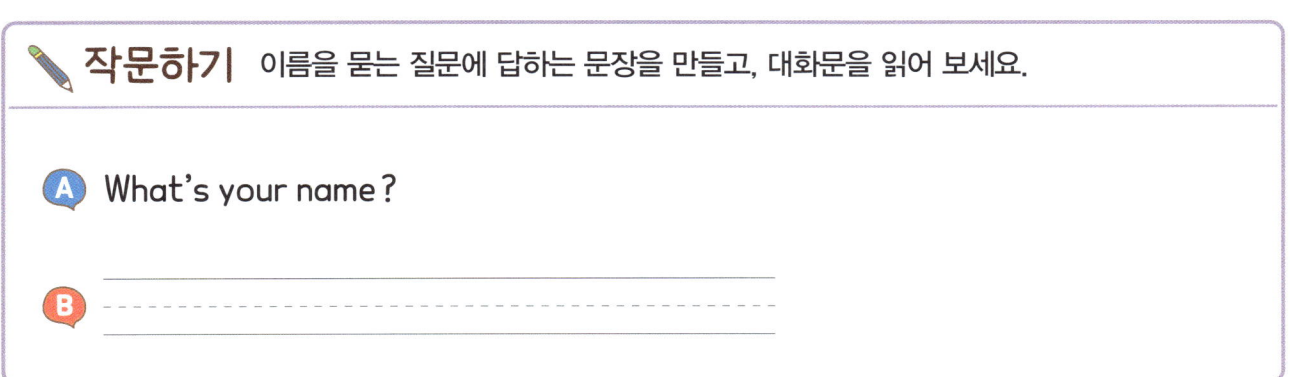

A What's your name?

B _____

81

How old are you?
I'm ten years old.

나이 묻고 답하기

🔊 20-1

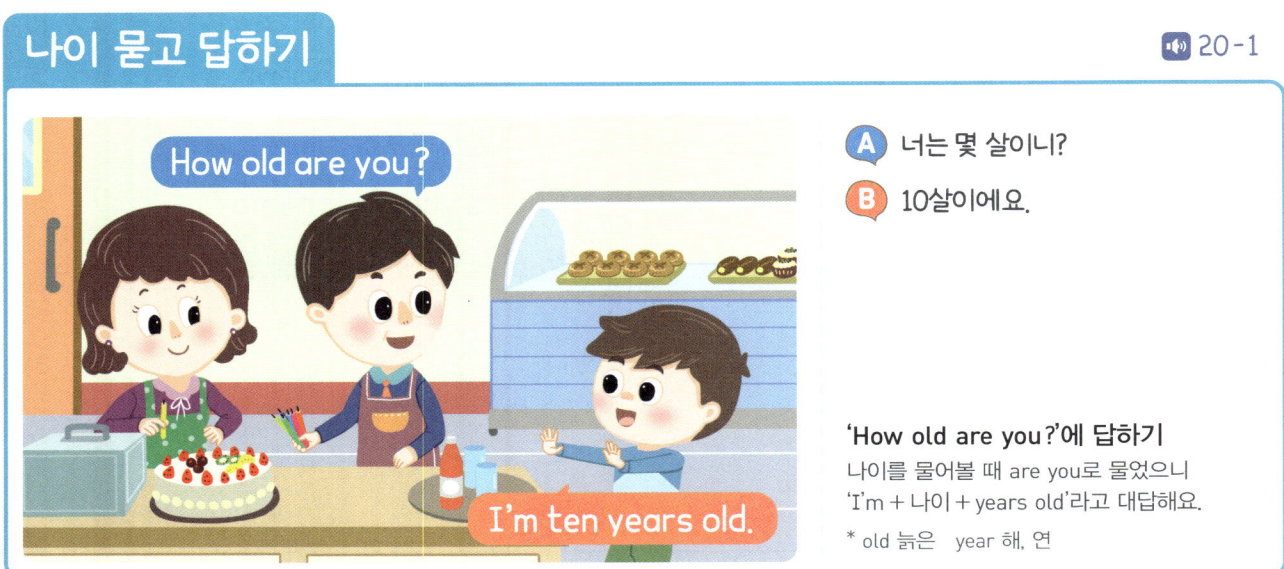

How old are you?

I'm ten years old.

Ⓐ 너는 몇 살이니?

Ⓑ 10살이에요.

'How old are you?'에 답하기
나이를 물어볼 때 are you로 물었으니
'I'm + 나이 + years old'라고 대답해요.
* old 늙은   year 해, 연

📖 **오늘의 단어** 단어를 여러 번 따라 읽고, 써 보세요. ✅ ☐ ☐   🔊 20-2

eight	nine	ten	e·lev·en
8, 여덟	9, 아홉	10, 열	11, 열하나
◌◌ght	n◌◌◌	t◌◌	◌◌◌◌◌en
e◌◌◌◌	◌◌◌e	◌◌◌	e◌◌◌◌◌
_____	_____	_____	_____
_____	_____	_____	_____

＊긴 단어는 음절로 나눠 외워 보세요. 하이라이트된 부분은 강세를 줘서 읽어요.

Ⓐ How old are you? 너는 몇 살이니?

Ⓑ I'm ten years old. 나는 열 살이야.

＊How(얼마나)로 시작하는 질문은 말할 때 문장 끝을 내려줘요.

🔍 **표현 연습하기** 빈칸을 채워 질문과 대답을 완성해 보세요.   🔊 20-4

I'm +

eight
8살

nine
9살

eleven
11살

years old.

＊ years old는 우리말 '~세(살)'에 해당돼요. years에 s를 잊지 마세요.

❶ A: How _____ are you?   너는 몇 살이니?

B: _____ eight _____   나는 8살이야.

❷ A: How _____?   너는 몇 살이니?

B: _____   나는 9살이야.

❸ A: _____?   너는 몇 살이니?

B: _____   나는 11살이야.

표현 확장하기

🔊 20-5

① 우리말에 알맞은 표현과 연결해 보세요.

> 나이를 물어볼 때 she(그녀), he(그) 등을 써서 묻고 답할 수 있어요.

1 그는 몇 살이니? •   • He's twelve years old.

2 그는 12살이야. •   • How old is your sister?

3 언니는 몇 살이니? •   • She's twelve years old.

4 그녀는 12살이야. •   • How old is he?

② 우리말에 알맞은 표현을 써 보세요.

1 형은 몇 살이니? (your brother)

_____

2 톰은 몇 살이니? (Tom)

_____

3 내 여동생은 7살이야. (My sister)

_____

✏️ **작문하기** 나이를 묻는 질문에 답하는 문장을 만들고, 대화문을 읽어 보세요.

🅐 How old are you?

🅑 _____
- -

물건의 가격 묻고 답하기
🔊 21-1

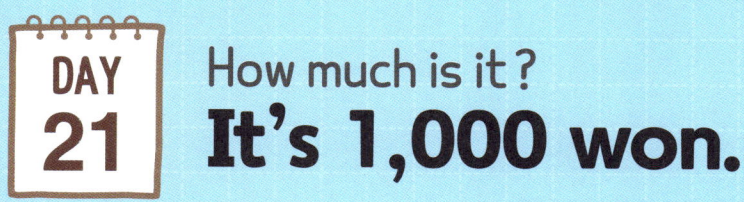

How much is it?

It's 1,000 won.

🅐 얼마예요?

🅑 천 원이야.

'How much is it?'에 답하기

물건의 가격을 물을 때 How much is it? 이라고 해요. 질문에 is it이 들어가 있으니 'It's + 가격'으로 답해요.

Ⓐ **오늘의 단어** 단어를 여러 번 따라 읽고, 써 보세요. ☑ ☐ ☐ 🔊 21-2

much 많은	hun·dred 100, 백	thou·sand 1,000, 천	won 원(화폐 단위)
m	hun	thou	w
	ed	sand	

* 긴 단어는 음절로 나눠 외워 보세요. 하이라이트된 부분은 강세를 줘서 읽어요.

A How much is it? (그것은) 얼마예요?

B It's one thousand won. (그것은) 천 원이에요.

＊How(얼마나)로 시작하는 질문은 말할 때 문장 끝을 내려줘요.

🔍 **표현 연습하기** 빈칸을 채워 질문과 대답을 완성해 보세요. 🔊 21-4

It's +   nine hundred   two thousand   ten thousand   won.
              900   2,000   10,000

① A : How much _____ ?   얼마예요?

   B : _____ hundred won.   구백 원이에요.

② A : How _____ ?   얼마예요?

   B : _____   이천 원이에요.

③ A : _____ ?   얼마예요?

   B : _____   만 원이에요.

⚛️ 표현 확장하기 🔊 21-5

① 우리말에 알맞은 표현과 연결해 보세요.

> 가격을 묻고 답할 때 it 대신에 구체적인 사물이나 this/that을 넣어서 가격을 묻고 답할 수 있어요

1 이것은 얼마예요? •
2 그 공은 얼마예요? •
3 그 연필은 8백원이야. •
4 그 머리띠는 2천원이야. •

• The pencil is 800 won.
• The hairband is 2,000 won.
• How much is this?
• How much is the ball?

② 우리말에 알맞은 표현을 써 보세요.

1 그 연필은 얼마예요?

_____

2 저것은 얼마예요?

_____

3 그 공은 천 원이야.

_____

단어 pencil 연필 | hairband 머리띠

✏️ 작문하기 사물의 가격을 묻는 질문에 답하는 문장을 만들고, 대화문을 읽어 보세요.

Ⓐ How much is it?

Ⓑ _____

What are you doing?
I'm cleaning the window.

지금 하고 있는 일 묻고 답하기

🔊 22-1

What are you doing?

I'm cleaning the window.

Ⓐ 뭐 하고 있어?

Ⓑ 창문을 닦고 있어.

'What are you doing?'에 답하기

지금 하고 있는 일을 물을 때 are you로 물었으니 I'm 동사-ing로 대답해요.

* do 하다

Ⓐ 오늘의 단어 단어를 여러 번 따라 읽고, 써 보세요. ☑☐☐   🔊 22-2

clean	win·dow	draw	work out
청소하다	창문	그림 그리다	운동하다
cl ⬜⬜⬜	win ⬜⬜⬜	⬜⬜ aw	⬜⬜⬜ out
⬜⬜⬜⬜ n	⬜⬜⬜ dow	dr ⬜⬜	work ⬜⬜

*긴 단어는 음절로 나눠 외워 보세요. 하이라이트된 부분은 강세를 줘서 읽어요.

오늘의 표현 표현을 잘 듣고, 큰 소리로 읽어 보세요. ☑ ☐ ☐  22-3

Ⓐ **What are you doing?** (너는) 뭐 하고 있니?

Ⓑ **I'm cleaning the window.** (나는) 창문을 닦고 있어.

＊What(무슨)으로 시작하는 질문은 말할 때 문장 끝을 내려줘요.

🔍 **표현 연습하기** 빈칸을 채워 질문과 대답을 완성해 보세요. 🔊 22-4

I'm +

singing
노래하고 있는

drawing
그림 그리고 있는

working out
운동하고 있는

．

＊지금 하고 있는 중일 때는 am(be동사) 다음에 동사+ing 형태를 써요.

❶ A : What are you ＿＿＿＿＿ ?　뭐 하고 있니?

B : ＿＿＿ singing. ＿＿＿　노래 부르고 있어.

❷ A : What ＿＿＿＿＿＿ ?　뭐 하고 있니?

B : ＿＿＿＿＿＿＿＿＿＿　그림 그리고 있어.

❸ A : ＿＿＿＿＿＿＿＿＿ ?　뭐 하고 있니?

B : ＿＿＿＿＿＿＿＿＿＿　운동하고 있어.

⚛️ 표현 확장하기　　　　　　　　　　　　　　🔊 22-5

① 우리말에 알맞은 표현과 연결해 보세요.

> now (지금)나 here (여기서)를 덧붙이면
> 좀 더 자세하게 질문할 수 있어요.

1 지금 뭐 하고 있니?　　•　　•　I'm taking a shower.

2 여기서 뭐 하고 있니?　•　　•　I'm eating pizza.

3 피자 먹고 있어.　　　•　　•　What are you doing now?

4 샤워 중이야.　　　　•　　•　What are you doing here?

② 우리말에 알맞은 표현을 써 보세요.

1 너는 거기서 뭐 하고 있니? (there)

_____

2 나는 저녁 먹고 있어. (eating dinner)

_____

3 나는 목욕 중이야. (taking a bath)

_____

단어 take a shower 샤워하다 | there 거기 | dinner 저녁 식사 | take a bath 목욕하다

✏️ 작문하기　　지금 하고 있는 일을 묻는 질문에 답하는 문장을 만들고, 대화문을 읽어 보세요.

Ⓐ What are you doing?

Ⓑ _____

More
- running 뛰고 있는
- dancing 춤추고 있는
- swimming 수영하고 있는

REVIEW 5

Days 18-22

A 그림을 보고, 질문에 알맞은 답을 골라 동그라미 표시해 보세요.

1

How old are you?

a I'm not bad.
b I'm eight years old.

2

What's your name?

a My name is Emma.
b I'm swimming.

3

How are you?

a I'm good. Thanks.
b I'm Jinho.

4

How old are you?

a He's ten years old.
b I'm nine years old.

5

How much is it?

a It's nine hundred one.
b It's one thousand won.

6

What are you doing?

a I'm drawing.
b I'm working out.

B 단어를 순서대로 배열하여 완전한 문장을 만들어 보세요.

1 cleaning window. I'm the

창문을 닦고 있어.

_____

- - - - - - - - - - - - - - - - - -

_____

2 you What doing? are

뭐 하고 있니?

_____

- - - - - - - - - - - - - - - - - -

_____

3 old are you? How

너는 몇 살이니?

_____

- - - - - - - - - - - - - - - - - -

_____

4 it? much is How

(그것은) 얼마예요?

_____

- - - - - - - - - - - - - - - - - -

_____

5 name? your What's

네 이름은 뭐니?

_____

- - - - - - - - - - - - - - - - - -

_____

C 각 두 단어 중 선택한 뒤 문장을 직접 써 보세요.

1

나는 10살이야.

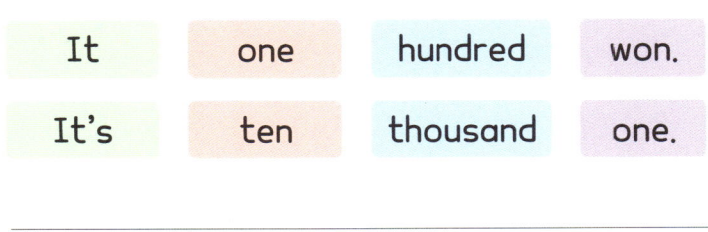

| I | ten | years | old. |
| I'm | seven | old | year. |

_____

- - - - - - - - - - - - - - -

2

그것은 만 원이야.

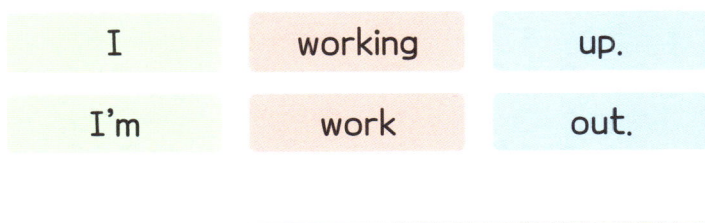

| It | one | hundred | won. |
| It's | ten | thousand | one. |

_____

- - - - - - - - - - - - - - -

3

운동하고 있어.

| I | working | up. |
| I'm | work | out. |

_____

- - - - - - - - - - - - - - -

4

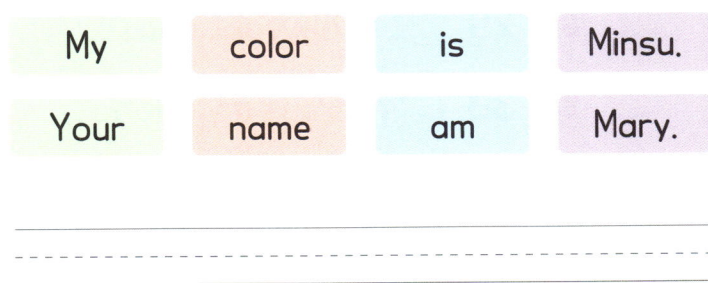

내 이름은 민수야.

| My | color | is | Minsu. |
| Your | name | am | Mary. |

_____

- - - - - - - - - - - - - - -

93

Part 3

묻고 답하기 2
(질문 위주)

★ 영어 말하기를 배울 때 기억하세요!

❶ 먼저 듣고 그대로 따라 읽어 보세요.

❷ 문장 끝을 올리는지, 내리는지 주의하세요.

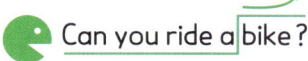 Can you ride a bike?

★ 질문에 대답할 때 주의하세요!

❶ 묻는 말에 맞춰서 답하므로 질문과 답을 짝을 이뤄 익혀요.

질문) Are you happy? ➡ 대답) Yes, I am.
너는 행복하니?　　　　　　　　응, 나는 행복해.

❷ 묻고 답할 때 묻는 동사에 맞게 대답해요.

질문) Do you have a coat? ➡ 대답) Yes, I do.

질문) Is this your cap? ➡ 대답) Yes, it is.

Are you okay?
Yes, I am.

기분이나 상태 묻고 답하기 🔊 23-1

> Are you okay?
> Yes, I am.

Ⓐ 괜찮아?
Ⓑ 네, 괜찮아요.

'Are you + 기분/상태?' 묻기
물을 때는 'You are + 기분/상태.'의 순서를 바꿔서 'Are you + 기분/상태?'라고 해요. Are you ~?로 물으면 Yes, I am. 또는 No, I'm not.으로 답해요.

* are ~이다   you 너

Ⓐ 오늘의 단어 단어를 여러 번 따라 읽고, 써 보세요. ☑ ☐ ☐ 🔊 23-2

okay 괜찮은	thirst·y 목마른	sleep·y 졸린	sick 아픈
___ay	th_____	_____y	___ck
ok___	_____ty	sl____	s____

＊긴 단어는 음절로 나눠 외워 보세요. 하이라이트 부분은 강세를 줘서 읽어요.

오늘의 표현 표현을 잘 듣고, 큰 소리로 읽어 보세요. ☑ ☐ ☐ 🔊 23-3

A Are you okay? (너는) 괜찮니?

B Yes, I am. 응. / No, I'm not. 아니.

* Are로 시작하는 질문은 말할 때 문장 끝을 올려줘요.

🔍 **표현 연습하기** 빈칸을 채워 질문과 대답을 완성해 보세요. 🔊 23-4

Are you +

thirsty sleepy sick
목마른 졸린 아픈

?

① A : _____ thirsty? 목마르니?

B : Yes, _____. 응. (목말라.)

② A : _____ 졸리니?

B : No, _____. 아니. (안 졸려.)

③ A : _____ 아프니?

B : No, _____. 아니. (안 아파.)

⚛️ 표현 확장하기　　　🔊 23-5

① 우리말에 알맞은 표현과 연결해 보세요.

> still(계속, 여전히)나 now(지금)을 덧붙이면 좀 더 자세하게 물을 수 있어요.

1 아직 졸리니?　•　　•　Yes, I am.

2 아니. (안 졸려.)　•　　•　No, I'm not.

3 지금 바쁘니?　•　　•　Are you still sleepy?

4 응. (바빠.)　•　　•　Are you busy now?

② 우리말에 알맞은 표현을 써 보세요.

1 이제 괜찮니? (now)

_____

2 아직 화난 거니? (upset)

_____

3 이제 배부르니? (full)

_____

단어　still 아직 | busy 바쁜 | upset 화가 난 | full 배부른

✏️ 작문하기　친구의 기분이나 상태를 묻는 문장을 만들고, 대화문을 읽어 보세요.

Ⓐ _____
- -
_____

More
- happy 기쁜
- sad 슬픈
- tired 피곤한
- hungry 배고픈

Ⓑ Yes, I am. / No, I'm not.

DAY 24

Do you have a coat?
No, I don't.

물건을 가지고 있는지 묻고 답하기

🔊 24-1

Do you have a coat?

No, I don't.

(A) 외투가 있어?

(B) 아니, 없어.

'Do you have + 물건?' 묻기

'너는 (물건)을 가지고 있다'는 'You have + 물건.'이라고 해요. '너는 (~을) 가지고 있니?' 라고 물을 때는 문장 맨 앞에 Do를 써 줘요. Do you ~?로 물으면 Yes, I do. 또는 No, I don't.로 답해요.

Ⓐ 오늘의 단어 단어를 여러 번 따라 읽고, 써 보세요. ☑ ☐ ☐

🔊 24-2

coat 외투, 코트	shirt 셔츠	skirt 치마	hat 모자
c	sh	sk	h
t	t	t	

99

Ⓐ Do you have a coat?  (너는) 외투가 있니?

Ⓑ Yes, I do. 응 있어. / No, I don't. 아니, 없어.

＊Do로 시작하는 질문은 말할 때 문장 끝을 올려줘요.

🔍 표현 연습하기 빈칸을 채워 질문과 대답을 완성해 보세요. 🔊 24-4

Do you have ＋ a shirt (셔츠) a skirt (치마) a hat (모자) ?

❶ A : _____ a shirt? 셔츠가 있니?

B : Yes, _____. 응, 있어.

❷ A : _____ 치마가 있니?

B : Yes, _____. 응, 있어.

❸ A : _____ 모자가 있니?

B : No, _____. 아니, 없어.

표현 확장하기　🔊 24-5

❶ 우리말에 알맞은 표현과 연결해 보세요.

> 색깔(white, yellow)이나 형태(long, short) 등을 덧붙이면 좀 더 구체적으로 물어볼 수 있어요.

1 긴 외투가 있니?　　•　　•　Yes, I do.

2 아니, 없어.　　•　　•　Do you have a white shirt?

3 흰색 셔츠가 있니?　　•　　•　No, I don't.

4 응, 있어.　　•　　•　Do you have a long coat?

❷ 우리말에 알맞은 표현을 써 보세요.

1 너는 노란 모자가 있니? (yellow)

_____

2 너는 긴 치마를 가지고 있니? (long)

_____

3 너는 짧은 치마 있니? (short)

_____

단어　white 흰 | yellow 노란 | long 긴 | short 짧은

✏️ 작문하기　물건을 가지고 있는지 묻는 문장을 만들고, 대화문을 읽어 보세요.

Ⓐ _____
- -
_____

Ⓑ Yes, I do. / No, I don't.

More
- cap 야구 모자
- red 빨간
- blue 파란
- black 검은

DAY 25 Do you like eggs?
Yes, I do.

좋아하는 음식 묻고 답하기

Do you like eggs?

Yes, I do.

Ⓐ 달걀을 좋아해?

Ⓑ 응, 좋아해.

'Do you like + 음식?' 묻기
'너는 (음식)을 좋아한다'는 'You like + 음식.'
이라고 해요. '너는 ~을 좋아하니?'라고 물
을 때는 문장 맨 앞에 Do를 써 줘요. Do you
~?로 물으면 Yes, I do. 또는 No, I don't.로
답해요.

Ⓐ 오늘의 단어 단어를 여러 번 따라 읽고, 써 보세요. ☑ ☐ ☐ 🔊 25-2

egg 알, 달걀	fish 물고기, 생선	ham·burg·er 햄버거	fruit 과일, 열매
e ☐ ☐	f ☐ ☐ ☐	ham ☐ ☐ ☐ ☐ er	fr ☐ ☐ ☐
☐ ☐ ☐	☐ sh	☐ ☐ ☐ burg ☐ ☐	☐ ☐ ☐ t
_____	_____	_____	_____
_____	_____	_____	_____

*긴 단어는 음절로 나눠 외워 보세요. 하이라이트 부분은 강세를 줘서 읽어요.

오늘의 표현 표현을 잘 듣고, 큰 소리로 읽어 보세요. ☑☐☐  25-3

A Do you like eggs? (너는) 달걀을 좋아하니?

B Yes, I do. 응, 좋아해. / No, I don't. 아니, 안 좋아해.

＊Do로 시작하는 질문은 말할 때 문장 끝을 올려줘요.

🔍 **표현 연습하기** 빈칸을 채워 질문과 대답을 완성해 보세요. 🔊 25-4

Do you like ＋   fish 생선   hamburgers 햄버거   fruit 과일   ?

❶ A : ----------------------------- fish ?   생선을 좋아하니?

    B : Yes, _____ .   응, 좋아해.

❷ A : -----------------------------   햄버거를 좋아하니?

    B : No, _____ .   아니, 안 좋아해.

❸ A : -----------------------------   과일을 좋아하니?

    B : Yes, _____ .   응, 좋아해.

⚛️ 표현 확장하기

❶ 우리말에 알맞은 표현과 연결해 보세요.

> 셀 수 있는 음식은 a/an 또는 -s/-es를 꼭 붙이고, 셀 수 없는 음식은 단어 그대로 쓰면 돼요.

1 사과를 좋아하니? •   • Do you like apples?

2 계란 프라이를 좋아하니? •   • No, I don't.

3 야채를 좋아하니? •   • Do you like vegetables?

4 아니, 안 좋아해. •   • Do you like fried eggs?

❷ 우리말에 알맞은 표현을 써 보세요.

1 너는 토마토를 좋아하니? (tomatoes)

_____

2 너는 어묵을 좋아하니? (fish cakes)

_____

3 너는 아이스크림을 좋아하니? (ice cream)

_____

단어 apple 사과 | vegetable 야채, 채소 | fried 튀긴 | fish cake 어묵 | ice cream 아이스크림

✏️ 작문하기   좋아하는 음식인지 묻는 문장을 만들고, 대화문을 읽어 보세요.

Ⓐ _____

- -

_____

Ⓑ Yes, I do. / No, I don't.

More
- chicken 치킨
- pizza 피자
- salad 샐러드
- cheese 치즈

How many dogs?
Four dogs.

개수 묻고 답하기

🔊 26-1

A 개가 몇 마리야?

B 4마리.

'How many + 동물/사물/사람?' 묻기

How many 뒤에는 셀 수 있는 동물이나 물건, 사람들만 쓸 수 있어요. 즉, How many 뒤에는 여러 개를 나타내는 단어를 써요. How many ~?에 대한 대답은 숫자를 먼저 말해요.

A 오늘의 단어 단어를 여러 번 따라 읽고, 써 보세요. ☑ ☐ ☐   🔊 26-2

man·y 많은	three 3, 셋	four 4, 넷	spoon 숟가락
m	th	f	sp
y	ee	r	n

＊긴 단어는 음절로 나눠 외워 보세요. 하이라이트 부분은 강세를 줘서 읽어요.

💬 **오늘의 표현** 표현을 잘 듣고, 큰 소리로 읽어 보세요. ☑ ☐ ☐   🔊 26-3

Ⓐ How many dogs? 개는 몇 마리니?

Ⓑ Four dogs. 4마리.

＊How로 시작하는 질문은 말할 때 문장 끝을 내려줘요. How many dogs you have?라고 물을 수도 있어요.

🔍 **표현 연습하기** 빈칸을 채워 질문과 대답을 완성해 보세요.   🔊 26-4

How many + cats 고양이   cups 컵   spoons 숟가락   ?

＊cat, cup, spoon 뒤에 -s를 붙이면 둘 이상을 나타내요.

❶ A : _____ cats?   고양이는 몇 마리니?

B : _____ .   (고양이) 2마리.

❷ A : _____   컵은 몇 개니?

B : _____ .   (컵) 3개.

❸ A : _____   숟가락은 몇 개니?

B : _____ .   (숟가락) 4개.

⚛ 표현 확장하기

1 우리말에 알맞은 표현과 연결해 보세요.

> 사람이나 동물, 사물에 따라 우리말은 알맞은 단위
> (-명, -사람, -개, - 권, -자루, -대)를 붙여 해석해요.

1 연필은 몇 자루니? •   • How many cars?

2 차는 몇 대니? •   • How many pencils?

3 포크는 몇 개니? •   • How many books?

4 책은 몇 권이니? •   • How many forks?

2 우리말에 알맞은 표현을 써 보세요.

1 표는 몇 장이니? (tickets)

_____

2 다리는 몇 개니? (legs)

_____

3 학생은 몇 명이니? (students)

_____

단어 car 차 | fork 포크 | ticket 티켓, 표 | leg 다리 | student 학생

✏ 작문하기 주변 물건의 개수를 묻는 질문과 대답을 만들고, 대화문을 읽어 보세요.

A _____

B _____

More
- book 책   • pen 펜
- notebook 공책   • eraser 지우개

A 그림을 보고, 질문에 알맞은 답을 골라 동그라미 표시해 보세요.

1

Are you thirsty?

ⓐ Yes, I am.
ⓑ Yes, I do.

2

Do you like eggs?

ⓐ Yes, I am.
ⓑ Yes, I do.

3

How many cups?

ⓐ Three cup.
ⓑ Three cups.

4

Do you have a shirt?

ⓐ No, I'm not.
ⓑ No, I don't.

5

How many dogs?

ⓐ Two dogs.
ⓑ Four dogs.

6

Are you sleepy?

ⓐ Yes, I am.
ⓑ No, I'm not.

B 단어를 순서대로 배열하여 완전한 문장을 만들어 보세요.

1   you   Are   okay?

괜찮니?

_____

- - - - - - - - - - - - - - -

_____

2   many   How   spoons?

숟가락은 몇 개니?

_____

- - - - - - - - - - - - - - -

_____

3   fish?   like   you   Do

생선을 좋아하니?

_____

- - - - - - - - - - - - - - -

_____

4   have   Do   a   you   shirt?

셔츠가 있니?

_____

- - - - - - - - - - - - - - -

_____

5   coat?   have   Do   a   you

코트가 있니?

_____

- - - - - - - - - - - - - - -

_____

C 각 두 단어 중 선택한 뒤 문장을 직접 써 보세요.

1

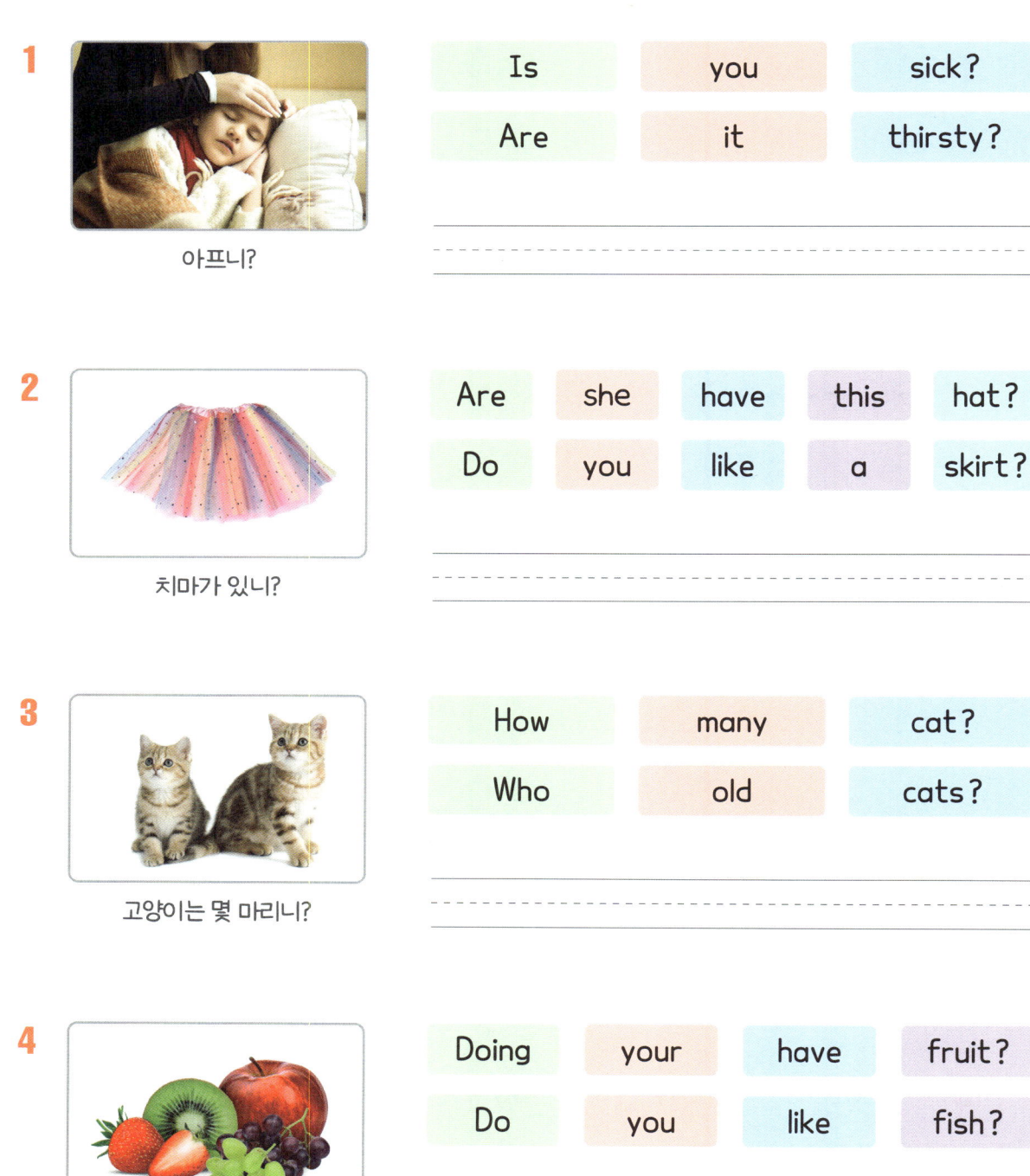

아프니?

| Is | you | sick? |
| Are | it | thirsty? |

2

치마가 있니?

| Are | she | have | this | hat? |
| Do | you | like | a | skirt? |

3

고양이는 몇 마리니?

| How | many | cat? |
| Who | old | cats? |

4

과일을 좋아하니?

| Doing | your | have | fruit? |
| Do | you | like | fish? |

Can you ride a bike?
Yes, I can.

할 수 있는 것 묻고 답하기
🔊 27-1

Can you ride a bike ?

Yes, I can.

Ⓐ 자전거 탈 수 있어?

Ⓑ 네, 탈 수 있어요.

'Can you + 동작?' 묻기

뭔가를 할 수 있는지 물을 때는 주어 앞에 Can을 써 줘요. Can you ~?로 물으면 Yes, I can. 또는 No, I can't.로 답해요.

* bike 자전거

🅐 오늘의 단어 단어를 여러 번 따라 읽고, 써 보세요. ☑ ☐ ☐ 🔊 27-2

ride	pi·an·o	speak	fly
~을 타다	피아노	말하다	날리다, 날다
r	pi	sp	f
e	o	k	y

* 긴 단어는 음절로 나눠 외워 보세요. 하이라이트 부분은 강세를 줘서 읽어요.

오늘의 표현 표현을 잘 듣고, 큰 소리로 읽어 보세요. ☑ ☐ ☐  27-3

Ⓐ **Can you ride a bike?** (너는) 자전거 탈 수 있니?

Ⓑ **Yes, I can.** 응, 탈 수 있어. / **No, I can't.** 아니, 못 해.

＊Can으로 시작하는 질문은 말할 때 문장 끝을 올려줘요.

🔍 **표현 연습하기** 빈칸을 채워 질문과 대답을 완성해 보세요. 🔊 27-4

Can you + play the piano / speak English / fly a kite **?**

- play the piano 피아노를 치다
- speak English 영어로 말하다
- fly a kite 연을 날리다

❶ A : _____ piano?　　피아노를 칠 수 있니?

　 B : Yes, _____ .　　응, 칠 수 있어.

❷ A : _____　　영어로 말할 수 있니?

　 B : Yes, _____ .　　응, 할 수 있어.

❸ A : _____　　연을 날릴 수 있니?

　 B : No, _____ .　　아니, 날리지 못 해.

표현 확장하기 🔊 27-5

❶ 우리말에 알맞은 표현과 연결해 보세요.   Can you 다음에 다양한 동사를 원형으로 물을 수 있어요.

1 축구할 줄 아니?   •   • Can you touch your toes?

2 스케이트 탈 줄 아니?   •   • Can you skate?

3 영어로 쓸 수 있니?   •   • Can you write in English?

4 발가락 끝이 손에 닿니?   •   • Can you play soccer?

❷ 우리말에 알맞은 표현을 써 보세요.

1 너는 내려올 수 있니? (climb down)

_____

2 너는 이것을 끝낼 수 있니? (finish this)

_____

3 너는 테니스 칠 줄 아니? (play tennis)

_____

단어 touch 만지다, 닿다 | write 쓰다 | climb down 기어 내려오다 | finish 끝내다 | play tennis 테니스 치다

✏️ **작문하기** 어떤 동작을 할 수 있는지 묻는 문장을 만들고, 대화문을 읽어 보세요.

Ⓐ _____
   -

                          More

                         • swim 수영하다   • skate 스케이트 타다

Ⓑ Yes, I can. / No, I can't.   • dive 다이빙하다   • ski 스키타다

DAY 28

Do you want some bread?
No, thanks.

음식 권하고 이에 답하기

🔊 28-1

Do you want some bread?

No, thanks. I'm full.

Ⓐ 빵 좀 먹을래?

Ⓑ 아니요, 괜찮아요. 배불러요.

'Do you want + some 음식?' 권하기
You want로 물을 때 문장 맨 앞에 Do를 써
줘요. 답할 때 공손하게 Yes, please. 또는 거
절할 때 No, thanks.로 말해요. I'm full.(배
불러요.)을 덧붙여도 좋아요.

* want 원하다 some 약간의 thank 감사하다

🄰 **오늘의 단어** 단어를 여러 번 따라 읽고, 써 보세요. ☑ ☐ ☐ 🔊 28-2

bread 빵	cake 케이크	jelly 젤리	cook·ie 쿠키
br ☐ ☐ ☐	☐ ke	☐ ☐ ☐ y	cook ☐ ☐
☐ ☐ ☐ d	c ☐ ☐ ☐	je ☐ ☐	☐ ☐ ☐ ie

* 긴 단어는 음절로 나눠 외워 보세요. 하이라이트 부분은 강세를 줘서 읽어요.

오늘의 표현 표현을 잘 듣고, 큰 소리로 읽어 보세요. ☑ ☐ ☐   🔊 28-3

Ⓐ Do you want some bread? (너는) 빵 좀 먹을래?

Ⓑ Yes, please. 네, 주세요. / No, thanks. 아니요, 괜찮아요.

＊Yes, I do. / No, I don't. 라고 답해도 돼요.

🔍 **표현 연습하기** 빈칸을 채워 질문과 대답을 완성해 보세요.   🔊 28-4

Do you want some +

cake
케이크

jelly
젤리

cookies
쿠키

?

❶ A : _____ cake?   케이크 좀 먹을래?

B : Yes, _____.   네, 주세요.

❷ A : _____?   젤리 좀 먹을래?

B : Yes, _____.   네, 주세요.

❸ A : _____?   쿠키 좀 먹을래?

B : No, _____.   아니요, 괜찮아요.

⚛️ 표현 확장하기　🔊 28-5

① 우리말에 알맞은 표현과 연결해 보세요.

> Some은 '좀, 약간'이라는 뜻으로 그 뒤에 셀 수 있는 음식은 -s/-es를 꼭 붙이고, 셀 수 없는 음식은 단어 그대로 써요.

1 디저트 좀 먹을래?　•
2 네, 주세요.　•
3 물 좀 먹을래?　•
4 아니요, 괜찮아요.　•

•　Yes, please.
•　Do you want some dessert?
•　No, thanks.
•　Do you want some water?

② 우리말에 알맞은 표현을 써 보세요.

1 너는 우유 좀 먹을래? (milk)

_____

2 너는 컵케이크 좀 먹을래? (cupcakes)

_____

3 너는 초콜릿 좀 먹을래? (chocolate)

_____

단어　dessert 디저트 | water 물 | milk 우유 | cupcake 컵케이크 | chocolate 초콜릿

✏️ 작문하기　상대방에게 음식을 권하는 문장을 만들고, 대화문을 읽어 보세요.

Ⓐ _____

Ⓑ Yes, please. / No, thanks.

Is this your cap?
No, it isn't.

물건 주인 묻고 답하기
🔊 29-1

Ⓐ 이거 네 모자니?

Ⓑ 아니야.

'Is this your + 물건?' 묻기
'This is your + 물건(이것은 너의 ~이다)' 에서 질문할 때는 Is this로 순서를 바꿔요. Is this ~?로 물으면 Yes, it is. 또는 No, it isn't.로 답해요.

Ⓐ 오늘의 단어   단어를 여러 번 따라 읽고, 써 보세요. ☑ ☐ ☐
🔊 29-2

cap 모자	shoes 신발	socks 양말	gloves 장갑
c	sh	s	gl
	s	s	s

*신발, 양말과 장갑이 각각 두 짝이면 shoes, socks, gloves라고 써요.

💬 **오늘의 표현** 표현을 잘 듣고, 큰 소리로 읽어 보세요. ☑ ☐ ☐   🔊 29-3

Ⓐ Is this your cap ? 이것은 네 모자니?

Ⓑ Yes, it is. 응. / No, it isn't. 아니.

＊Is로 시작하는 질문은 말할 때 문장 끝을 올려줘요.

🔍 **표현 연습하기** 빈칸을 채워 질문과 대답을 완성해 보세요.   🔊 29-4

Is this your ＋

shoe
신발

sock
양말

glove
장갑

?

＊shoe, sock, glove를 단수 형태로 쓰면 한 짝을 의미해요.

❶ A : _____ shoe?   이것은 네 신발이니?

B : Yes, _____.   응.

❷ A : _____?   이것은 네 양말이니?

B : No, _____.   아니.

❸ A : _____?   이것은 네 장갑이니?

B : No, _____.   아니.

⚛ 표현 확장하기

가까이 있는 것은 this (이것), 멀리 있는 것은 that (저것)으로 질문해요.

❶ 우리말에 알맞은 표현과 연결해 보세요.

1 저것은 네 책가방이니? •   • Yes, it is.

2 응. •   • No, it isn't.

3 이것이 내 자전거니? •   • Is that your backpack?

4 아니. •   • Is this my bike?

❷ 우리말에 알맞은 표현을 써 보세요.

1 여기가 내 방인가? (room)

_____

2 이것은 네 마스크니? (mask)

_____

3 저것은 네 새 자전거니? (new bike)

_____

단어 backpack 책가방, 배낭 | bike 자전거 | room 방 | mask 마스크

✏ 작문하기 물건의 주인을 묻는 문장을 만들고, 대화문을 읽어 보세요.

Ⓐ _____
- -
_____

More
- book 책
- pen 펜
- umbrella 우산
- coat 외투

Ⓑ Yes, it is. / No, it isn't.

Where is my phone?
It's on the box.

물건의 위치 묻고 답하기
🔊 30-1

Where is my phone?

It's on the box.

Ⓐ 내 핸드폰이 어디에 있지?

Ⓑ 상자 위에 있네.

'Where is my + 물건?' 묻기
자신이 찾는 물건이 하나일 때 쓸 수 있는 표현이에요. 대답은 'It's + 위치'라고 해요. It은 찾는 물건을 대신하는 말이에요.

* my 나의   on ~위에

🅰 **오늘의 단어** 단어를 여러 번 따라 읽고, 써 보세요. ☑ ☐ ☐ 🔊 30-2

where 어디에	phone 핸드폰	watch 시계	um·brel·la 우산
wh	ph	wa	um
e	e	ch	la

* 긴 단어는 음절로 나눠 외워 보세요. 하이라이트 부분은 강세를 줘서 읽어요.

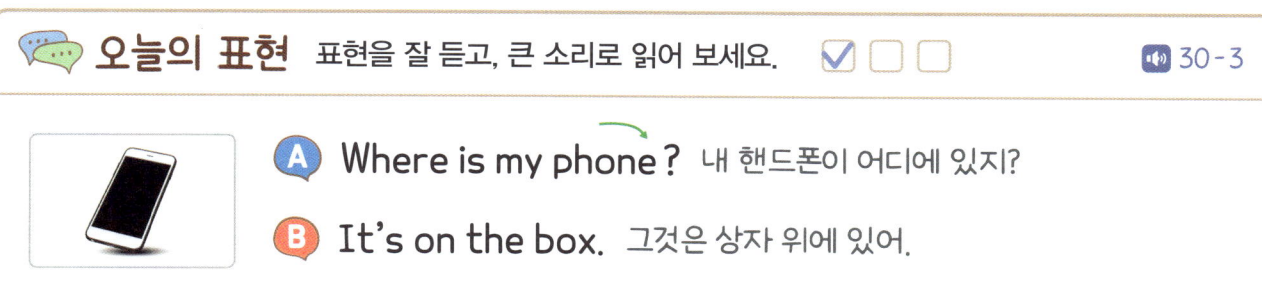

Ⓐ **Where is my phone?** 내 핸드폰이 어디에 있지?

Ⓑ **It's on the box.** 그것은 상자 위에 있어.

* Where(어디에)로 시작하는 질문은 말할 때 문장 끝을 내려줘요.

🔍 **표현 연습하기** 빈칸을 채워 질문과 대답을 완성해 보세요. 🔊 30-4

Where is my **+**

bag
가방

watch
시계

umbrella
우산

?

❶ A : -- bag?   내 가방이 어디에 있지?

  B : _____ on the box.   그것은 상자 위에 있어.

❷ A : _____ ?   내 시계가 어디에 있지?

  B : _____ the box.   그것은 상자 위에 있어.

❸ A : _____ ?   내 우산이 어디에 있지?

  B : _____ .   그것은 상자 위에 있어.

표현 확장하기

① 우리말에 알맞은 표현과 연결해 보세요.

> 물건의 위치는 in (안에), on (~위에), under (아래에) 등과 같이 쓸 수 있어요.

1 내 가방은 어디에 있지? •   • It's in my bag.

2 내 새 모자는 어디에 있지? •   • Where is my bag?

3 그것은 침대 위에 있어. •   • It's on the bed.

4 그것은 내 가방 안에 있어. •   • Where is my new cap?

② 우리말에 알맞은 표현을 써 보세요.

1 내 지갑이 어디에 있지? (my purse)

_____

2 그것은 네 책상 위에 있어. (your desk)

_____

3 그것은 내 서랍 안에 있어. (my drawer)

_____

단어 purse 지갑 | desk 책상 | drawer 서랍

✏️ **작문하기** 물건의 위치를 묻는 문장을 만들고, 대화문을 읽어 보세요.

A _____
- -
_____

More
- book 책   • notebook 공책
- pencil 연필   • eraser 지우개

B It's on / in the box.

122

A 그림을 보고, 질문에 알맞은 답을 골라 동그라미 표시해 보세요.

1

Can you speak English ?

ⓐ Yes, I can.
ⓑ Yes, I do.

2

Do you want some jelly ?

ⓐ Yes, I am.
ⓑ Yes, please.

3

Where is my watch ?

ⓐ It's in the box.
ⓑ I'm on the book.

4

Is this your sock ?

ⓐ No, it is.
ⓑ No, it isn't.

5

Do you want some bread ?

ⓐ Yes, please.
ⓑ No, thanks.

6

Can you play the piano ?

ⓐ No, I can't.
ⓑ No, I don't.

REVIEW 7

B 단어를 순서대로 배열하여 완전한 문장을 만들어 보세요.

1 a bike?   you   Can   ride

자전거 탈 수 있니?

_____

- -

_____

2 my   phone?   Where   is

내 핸드폰이 어디에 있지?

_____

- -

_____

3 want   you   Do   cake?   some

케이크 좀 먹을래?

_____

- -

_____

4 you   piano?   play   Can   the

피아노를 칠 수 있니?

_____

- -

_____

5 glove?   Is   your   this

이것은 네 장갑이니?

_____

- -

_____

C 각 두 단어 중 선택한 뒤 문장을 직접 써 보세요.

1

쿠키 좀 먹을래?

| Is | you | want | some | cake? |
| Do | it | have | that | cookies? |

2

그것은 상자 위에 있어.

| It's | on | the | dog. |
| I'm | in | many | box. |

3

내 모자는 어디에 있지?

| Where | are | my | clock? |
| How | is | your | cap? |

4

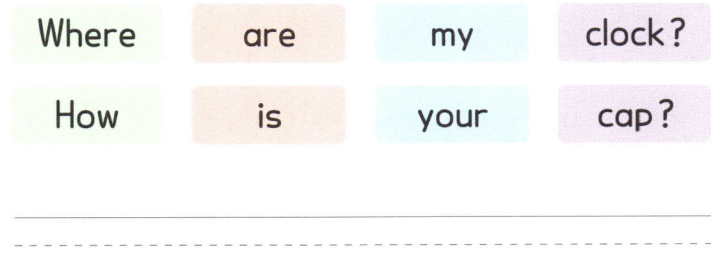

연을 날릴 수 있니?

| Can | you | fly | some | kite? |
| Do | I | ride | a | bike? |

* 짧은 회화 표현을 듣고, 보기 에서 알맞은 표현을 찾아 써 보세요. 🔊 30-6

보기

Good morning.	Nice to meet you, too.
Nice to meet you.	Hi, good morning.

❶ 안녕하세요.
좋은 아침이에요.

❷ 좋은 아침이에요.

❶ _____

＊만났을 때 인사는 주로 Hello.(안녕.)나 Hi.(안녕.)라고 해요.

❷ _____

＊시간에 따라 아침에는 Good morning.(좋은 아침.), 점심에는 Good afternoon.(안녕.), 저녁에는 Good evening.(안녕.)이라고도 해요. 참고로 Good night은 자기 전에 말하면 '잘자'라는 뜻이에요.

❸ 만나서 반가워.

❹ 나도 반가워.

❸ _____

＊처음 만나는 사람에게 인사할 때, Nice to meet you.(만나서 반가워.)라고 해요.

❹ _____

＊대답은 Nice to meet you, too.(나도 반가워.)라고 해요. too는 나도 그렇다는 동의를 의미해요.

See you again.

Help yourself!

Happy birthday!

Goodbye.

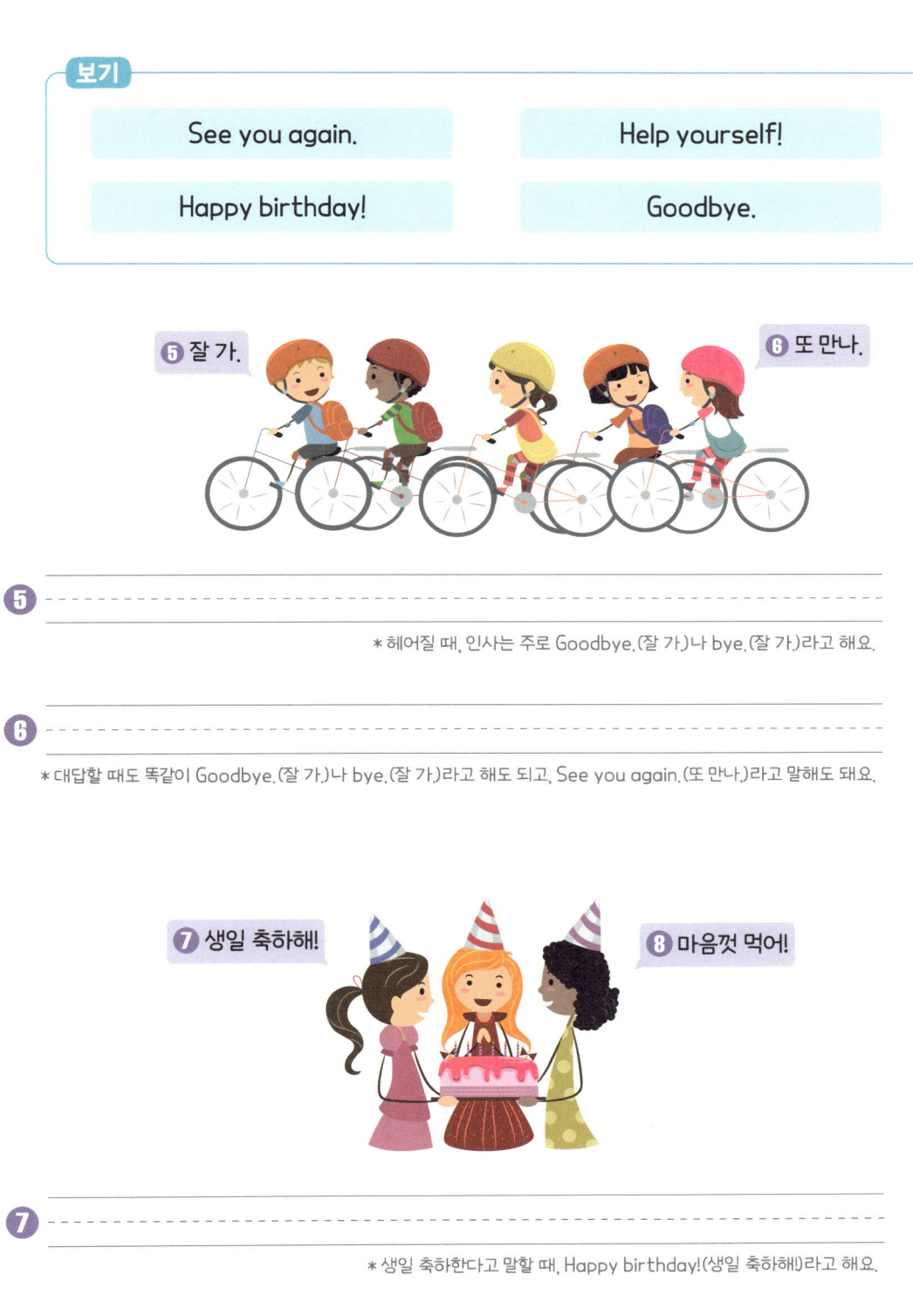

❺ 잘 가.

❻ 또 만나.

❺ --

* 헤어질 때, 인사는 주로 Goodbye.(잘 가.)나 bye.(잘 가.)라고 해요.

❻ --

* 대답할 때도 똑같이 Goodbye.(잘 가.)나 bye.(잘 가.)라고 해도 되고, See you again.(또 만나.)라고 말해도 돼요.

❼ 생일 축하해!

❽ 마음껏 먹어!

❼ --

* 생일 축하한다고 말할 때, Happy birthday!(생일 축하해)라고 해요.

❽ --

* 생일 파티에 온 친구한테 음식을 맘껏 먹으라고 말할 때, Help yourself!(마음껏 먹어!)라고 해요.

9 _____

* Look!(잘 봐)와 Be careful!(조심해!)는 주의집중을 못 하고 있을 때, 쓰는 표현이에요.

10 _____

11 _____

* 사과할 때, I'm sorry.(미안해.)라고 해요.

12 _____

* 사과에 대답으로 용서할 때, That's okay.(괜찮아.)라고 해요.

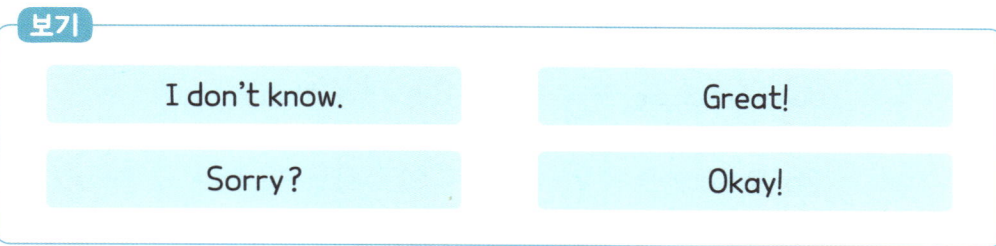

⑬ 뭐라고요?　⑭ 잘 모르겠어요.

⑬ _____

＊ sorry는 '미안한'이라는 의미도 있지만, '뭐라고?'라는 의미로 되물을 때도 쓸 수 있어요.

⑭ _____

＊ 질문에 답할 때, 모른다면 I don't know.(몰라요.)라고 해요.

⑮ 잘 했어!　⑯ 좋아!(괜찮아)

⑮ _____

＊ 칭찬할 때, Great!(잘 했어)라고 표현하면 좋아요.

⑯ _____

＊ 긍정하는 의미로 좋다고 할 때, Okay!(좋아, 괜찮아)라고 해요.

129

보기

You're welcome.

Thank you.

Don't worry.

Me, too.

⑰ 나도 그래.

⑱ 걱정하지 마.

⑰ --

* 의견에 동의할 때, Me, too.(나도 그래.)라고 해요.

⑱ --

* 걱정하고 있는 사람에게 위로의 말을 할 때, Don't worry.(걱정하지 마.)라고 해요.

⑲ 고마워요.

⑳ 천만에요.

⑲ --

* 도움을 받았을 때, Thank you.(고마워.)라고 해요.

⑳ --

* 고맙다는 말에 대답은 You're welcome.(천만에요.)이라고 해요.

DAY 05

✅ I like chicken.

🔍 표현 연습하기

① I like oranges.　　③ I like pizza.

② I like salad.

⚛ 표현 확장하기

① I don't like pizza.　　③ I don't like tomatoes.

② I don't like oranges.　　④ I don't like milk.

DAY 06

✅ I have a pencil.

🔍 표현 연습하기

① I have glue.　　③ I have an eraser.

② I have a book.

⚛ 표현 확장하기

① I don't have a book.

② I don't have glue.

③ I don't have a pen.

④ I don't have a notebook.

DAY 07

✅ She is my mom.

🔍 표현 연습하기

① He's my dad.　　③ She's my sister.

② He's my brother.

⚛ 표현 확장하기

① He's not my dad.　　③ She's not my teacher.

② She's not my sister.　　④ He's not my friend.

DAY 08

✅ He is a cook.

🔍 표현 연습하기

① He's a nurse.　　③ She's a designer.

② She's a vet.

⚛ 표현 확장하기

① He's not a vet.　　③ She's not a teacher.

② She's not a nurse.　　④ She's not a student.

REVIEW 2

🅐　1　**b** I have an eraser.

　　2　**b** I like chicken.

　　3　**a** I have glue.

　　4　**b** He's a cook.

　　5　**a** She's a vet.

　　6　**a** I like pizza.

🅑　1　I have a pencil.

　　2　He is a nurse.

　　3　I don't like salad.

　　4　She's not my mom.

　　5　He is my brother.

DAY 09

✅ I study every day.

🔍 표현 연습하기

❶ I get up early every day.
❷ I read a book every day.
❸ I do my homework every day.

⚛ 표현 확장하기

❶ I don't get up early every day.
❷ I don't do my homework every day.
❸ I don't have breakfast every day.
❹ I don't go to bed early every day.

DAY 10

✅ I can skate.

🔍 표현 연습하기

❶ I can swim.   ❸ I can sing.
❷ I can dance.

⚛ 표현 확장하기

❶ I can't swim.   ❸ I can't dive.
❷ I can't dance.   ❹ I can't run fast.

DAY 11

✅ Be quiet, please.

🔍 표현 연습하기

❶ Line up, please.   ❸ Sit down, please.
❷ Stand up, please.

⚛ 표현 확장하기

❶ Don't sit down, please.
❷ Don't stand up, please.
❸ Don't be late, please.
❹ Don't push, please.

DAY 12

✅ Let's play soccer.

🔍 표현 연습하기

❶ Let's play baseball.   ❸ Let's eat out.
❷ Let's go outside.

⚛ 표현 확장하기

❶ Let's not go outside. ❸ Let's not talk here.
❷ Let's not eat out.   ❹ Let's not ski today.

REVIEW 3

A 1 **a** Sit down, please.
       2 **a** Don't push, please.
       3 **b** Let's play baseball.
       4 **b** I get up early.
       5 **b** I can't dive.
       6 **a** I can swim.

B 1 I read a book every day.
       2 Let's eat out.
       3 I can't run fast.
       4 Don't be late, please.

DAY 13

🔍 표현 연습하기

❶ A What's this?
   B It' a clock.

❸ A What's that?
   B It' a chair.

❷ A What's that?
   B It' a desk.

⚛ 표현 확장하기

❶ 1 이 상자는 뭐니? • • What's that smell?
   2 그것은 내 책이야. • • It's a fish.
   3 저 냄새는 뭐야? • • What's this box?
   4 그것은 생선이야. • • It's my book.

❷ 1 What's this dish?
   2 What's that song?
   3 It's my bag.

DAY 14

🔍 표현 연습하기

❶ A What color is it?
   B It's red.

❸ A What color is it?
   B It's green.

❷ A What color is it?
   B It's yellow.

⚛ 표현 확장하기

❶ 1 네 가방은 무슨 색이니? • • It's light brown.
   2 네 우산은 무슨 색이니? • • What color is your umbrella?
   3 그것은 진한 갈색이야. • • It's dark brown.
   4 그것은 연한 갈색이야. • • What color is your bag?

❷ 1 What color is your hair?
   2 It's dark red.
   3 It's light green.

DAY 15

🔍 표현 연습하기

❶ A How's the weather?
   B It's cloudy.

❸ A How's the weather?
   B It's rainy.

❷ A How's the weather?
   B It's windy.

⚛ 표현 확장하기

❶ 1 오늘은 추워. • • It's snowy.
   2 아주 따뜻하네. • • It's very warm.
   3 오늘 날씨가 어떠니? • • It's cold today.
   4 눈이 와. • • How's the weather today?

❷ 1 How's the weather today?
   2 It's very cold.
   3 It's very hot.

DAY 16

🔍 표현 연습하기

❶ A What time is it?
   B It's one o'clock.

❸ A What time is it?
   B It's seven o'clock.

❷ A What time is it?
   B It's six o'clock.

⚛ 표현 확장하기

❶ 1 지금 몇 시니? • • It's seven fifteen.
   2 7시 15분이야. • • What time is it now?
   3 6시 20분이야. • • It's noon.
   4 정오야(12시야). • • It's six twenty.

❷ 1 What time is it now?

2 It's six fifteen.

3 It's seven twenty.

DAY 17

🔍 표현 연습하기

❶ A What day is it?　　**❸** A What day is it?

B It's Sunday.　　　　　 B It's Tuesday.

❷ A What day is it?

B It's Friday.

⚛ 표현 확장하기

❶ 1 오늘은 무슨 요일이니?　•　• It's Monday today.

2 토요일이야.　•　• What day is it today?

3 수요일이야.　•　• It's Saturday.

4 오늘은 월요일이야.　•　• It's Wednesday.

❷ 1 What day is it tomorrow?

2 It's Thursday tomorrow.

3 It's Saturday today.

REVIEW 4

A 1 **b** It's windy.

2 **a** It's a clock.

3 **a** It's green.

4 **b** It's Sunday.

5 **a** It's six o'clock.

6 **a** It's a chair.

B 1 It is one o'clock.

2 How's the weather?

3 What color is it?

4 What day is it?

5 What time is it?

C 1 It's seven o'clock.

2 How's the weather?

3 It's a ball.

4 What day is it?

DAY 18

🔍 표현 연습하기

❶ A How are you?　　**❸** A How are you?

B I'm fine.　　　　　　 B I'm great.

❷ A How are you?

B I'm not bad.

⚛ 표현 확장하기

❶ 1 난 좋아. 고마워.　•　• I'm okay. And you?

2 괜찮아. 너는?　•　• I'm fine. Thanks.

3 아주 좋아. 고마워!　•　• I'm happy today.

4 오늘은 행복해.　•　• Pretty good. Thanks!

❷ 1 Pretty good. Thanks!

2 I'm happy. Thanks.

3 I'm not bad. And you?

DAY 19

🔍 표현 연습하기

❶ A What's your name?　　**❸** A What's your name?

B My name is Minsu.　　　 B My name is Mary.

❷ A What's your name?

B My name is Emma.

⚛ 표현 확장하기

❶ 1 내 이름은 렉스야.　•　• My last name is Brown.

2 내 성은 브라운이야.　•　• My name is Rex.

3 네 별명은 뭐니?　•　• What's your last name?

4 네 성은 뭐니?　•　• What's your nickname?

❷ 1 What's your nickname?

2 My last name is Hill.

3 My nickname is Little Bear.

DAY 20

🔍 표현 연습하기

❶ A How old are you?
   B I'm eight years old.

❷ A How old are you?
   B I'm nine years old.

❸ A How old are you?
   B I'm eleven years old.

⚛ 표현 확장하기

❶
1 그는 몇 살이니?
2 그는 12살이야.
3 언니는 몇 살이니?
4 그녀는 12살이야.

He's twelve years old.
How old is your sister?
She's twelve years old.
How old is he?

❷
1 How old is your brother?
2 How old is Tom?
3 My sister is seven years old.

DAY 21

🔍 표현 연습하기

❶ A How much is it?
   B It's nine hundred won.

❷ A How much is it?
   B It's two thousand won.

❸ A How much is it?
   B It's ten thousand won.

⚛ 표현 확장하기

❶
1 이것은 얼마예요?
2 그 공은 얼마예요?
3 그 연필은 8백원이야.
4 그 머리띠는 2천원이야.

The pencil is 800 won.
The hairband is 2,000 won.
How much is this?
How much is the ball?

❷
1 How much is the pencil?
2 How much is that?
3 The ball is 1,000 won. /
  The ball is one thousand won.

DAY 22

🔍 표현 연습하기

❶ A What are you doing?
   B I'm singing.

❷ A What are you doing?
   B I'm drawing.

❸ A What are you doing?
   B I'm working out.

⚛ 표현 확장하기

❶
1 지금 뭐 하고 있니?
2 여기서 뭐 하고 있니?
3 피자 먹고 있어.
4 샤워 중이야.

I'm taking a shower.
I'm eating pizza.
What are you doing now?
What are you doing here?

❷
1 What are you doing there?
2 I'm eating dinner.
3 I'm taking a bath.

REVIEW 5

Ⓐ
1 b I'm eight years old.
2 a My name is Emma.
3 a I'm good. Thanks.
4 b I'm nine years old.
5 b It's one thousand won.
6 a I'm drawing.

Ⓑ
1 I'm cleaning the window.
2 What are you doing?
3 How old are you?
4 How much is it?
5 What's your name?

Ⓒ
1 I'm ten years old.
2 It's ten thousand won.
3 I'm working out.
4 My name is Minsu.

묻고 답하기 2

DAY 23

🔍 표현 연습하기

① A Are you thirsty?
B Yes, I am.

② A Are you sleepy?
B No, I'm not.

③ A Are you sick?
B No, I'm not.

⚛ 표현 확장하기

①
1 아직 졸리니? •   • Yes, I am.
2 아니. (안 졸려.) •   • No, I'm not.
3 지금 바쁘니? •   • Are you still sleepy?
4 응. (바빠.) •   • Are you busy now?

②
1 Are you okay now?
2 Are you still upset?
3 Are you full now?

DAY 24

🔍 표현 연습하기

① A Do you have a shirt?
B Yes, I do.

② A Do you have a skirt?
B Yes, I do.

③ A Do you have a hat?
B No, I don't.

⚛ 표현 확장하기

①
1 긴 외투가 있니? •   • Yes, I do.
2 아니, 없어. •   • Do you have a white shirt?
3 흰색 셔츠가 있니? •   • No, I don't.
4 응, 있어. •   • Do you have a long coat?

②
1 Do you have a yellow hat?
2 Do you have a long skirt?
3 Do you have a short skirt?

DAY 25

🔍 표현 연습하기

① A Do you like fish?
B Yes, I do.

② A Do you like hamburgers?
B No, I don't.

③ A Do you like fruit?
B Yes, I do.

⚛ 표현 확장하기

①
1 사과를 좋아하니? •   • Do you like apples?
2 계란 프라이를 좋아하니? •   • No, I don't.
3 야채를 좋아하니? •   • Do you like vegetables?
4 아니, 안 좋아해. •   • Do you like fried eggs?

②
1 Do you like tomatoes?
2 Do you like fish cakes?
3 Do you like ice cream?

DAY 26

🔍 표현 연습하기

❶ **A** How many cats?
   B Two cats.

❷ **A** How many cups?
   B Three cups.

❸ **A** How many spoons?
   B Four spoons.

⚛️ 표현 확장하기

❶ **1** 연필은 몇 자루니? ●   ● How many cars?
   2 차는 몇 대니? ●   ● How many pencils?
   3 포크는 몇 개니? ●   ● How many books?
   4 책은 몇 권이니? ●   ● How many forks?

❷ **1** How many tickets?
   2 How many legs?
   3 How many students?

REVIEW6

A   **1** **a** Yes, I am.
    2 **b** Yes, I do.
    3 **b** Three cups.
    4 **b** No, I don't.
    5 **a** Two dogs.
    6 **b** No, I'm not.

B   **1** Are you okay?
    2 How many spoons?
    3 Do you like fish?
    4 Do you have a shirt?
    5 Do you have a coat?

C   **1** Are you sick?
    2 Do you have a skirt?
    3 How many cats?
    4 Do you like fruit?

DAY 27

🔍 표현 연습하기

❶ **A** Can you play the piano?
   B Yes, I can.

❷ **A** Can you speak English?
   B Yes, I can.

❸ **A** Can you fly a kite?
   B No, I can't.

⚛️ 표현 확장하기

❶ **1** 축구할 줄 아니? ●   ● Can you touch your toes?
   2 스케이트 탈 줄 아니? ●   ● Can you skate?
   3 영어로 쓸 수 있니? ●   ● Can you write in English?
   4 발가락 끝이 손에 닿니? ●   ● Can you play soccer?

❷ **1** Can you climb down?
   2 Can you finish this?
   3 Can you play tennis?

DAY 28

🔍 표현 연습하기

❶ **A** Do you want some cake?
   B Yes, please.

❷ **A** Do you want some jelly?
   B Yes, please.

❸ **A** Do you want some cookies?
   B No, thanks.

⚛️ 표현 확장하기

❶ **1** 디저트 좀 먹을래? ●   ● Yes, please.
   2 네, 주세요.   ● Do you want some dessert?
   3 물 좀 먹을래? ●   ● No, thanks.
   4 아니요, 괜찮아요. ●   ● Do you want some water?

② **1** Do you want some milk?

2 Do you want some cupcakes?

3 Do you want some chocolate?

DAY 29

🔍 표현 연습하기

❶ **A** Is this your shoe?

B Yes, it is.

❷ **A** Is this your sock?

B No, it isn't.

❸ **A** Is this your glove?

B No, it isn't.

⚛ 표현 확장하기

❶ **1** 저것은 네 책가방이니? • • Yes, it is.

2 응. • • No, it isn't.

3 이것이 내 자전거니? • • Is that your backpack?

4 아니. • • Is this my bike?

❷ **1** Is this my room?

2 Is this your mask?

3 Is that your new bike?

DAY 30

🔍 표현 연습하기

❶ **A** Where is my bag?

B It's on the box.

❷ **A** Where is my watch?

B It's on the box.

❸ **A** Where is my umbrella?

B It's on the box.

⚛ 표현 확장하기

❶ **1** 내 가방은 어디에 있지? • • It's in my bag.

2 내 새 모자는 어디에 있지? • • Where is my bag?

3 그것은 침대 위에 있어. • • It's on the bed.

4 그것은 내 가방 안에 있어. • • Where is my new cap?

❷ **1** Where is my purse?

2 It's on your desk.

3 It's in my drawer.

REVIEW 7

Ⓐ **1** **a** Yes, I can.

2 **b** Yes, please.

3 **a** It's in the box.

4 **b** No, it isn't.

5 **b** No, thanks.

6 **a** No, I can't.

Ⓑ **1** Can you ride a bike?

2 Where is my phone?

3 Do you want some cake?

4 Can you play the piano?

5 Is this your glove?

Ⓒ **1** Do you want some cookies?

2 It's on the box.

3 Where is my cap?

4 Can you fly a kite?

단어 INDEX

책에서 배운 단어를 알파벳 순서로 찾아볼 수 있습니다.

단어 INDEX

단어 INDEX